好妈妈
要学的
犹太人教子课

邓鑫 编著

中国纺织出版社有限公司

内 容 提 要

《好妈妈要学的犹太人教子课》从挖掘犹太人的家教精髓出发，通篇穿插了有趣的犹太人家教故事，直接、鲜明地体现了犹太人独特的家庭教育观念。相信妈妈们一定能从中发现很多适合自己孩子的完美养育方法，从而将孩子培养成人才。

图书在版编目（CIP）数据

好妈妈要学的犹太人教子课 / 邓鑫编著. --北京：中国纺织出版社有限公司，2024.4
ISBN 978-7-5229-1614-9

Ⅰ．①好… Ⅱ．①邓… Ⅲ．①家庭教育 Ⅳ．①G78

中国国家版本馆CIP数据核字（2024）第068484号

责任编辑：刘桐妍　　责任校对：高　涵　　责任印制：储志伟

中国纺织出版社有限公司出版发行
地址：北京市朝阳区百子湾东里A407号楼　邮政编码：100124
销售电话：010—67004422　传真：010—87155801
http://www.c-textilep.com
中国纺织出版社天猫旗舰店
官方微博 http://weibo.com/2119887771
鸿博睿特（天津）印刷科技有限公司印刷　各地新华书店经销
2024年4月第1版第1次印刷
开本：710×1000　1/16　印张：10
字数：130千字　定价：49.80元

凡购本书，如有缺页、倒页、脱页，由本社图书营销中心调换

前言

生活中，人们提到赚钱，就能想到犹太民族，因为犹太民族是世界上最聪明、最神秘、最富有的民族之一，他们似乎为赚钱而生，凭借超人的经商智慧屹立于世界民族之林。在金融界，流传着这样的说法：犹太富豪们打个喷嚏，世界上所有的银行都将感冒；五个犹太财团坐在一起，便能控制整个世界的黄金市场；在美国，1%的犹太人占据了美国至少40%的财富……

其实，除了经商智慧外，犹太人最值得人们学习的地方还有教子经验。迄今为止，在犹太社会还流传着这样一句话："人类有三个朋友：小孩、财富、善行。"从这句话足可见犹太人对家庭教育的重视，他们认为，"没有学童的城市终将衰败"。在文化传统的影响和长期的教育经验的引导下，犹太人总结出了一些自己的教育观念：对于年幼的孩子来说，最重要的是教育而不是天赋。孩子的天赋是有差异的，然而这差异又是有限的。即便是那些只有一般禀赋的孩子，只要教育得法，也都能成为非凡的人。犹太人认为，要重视孩子的早期教育，这是决定孩子未来是否成才的重要方面。

的确，孩子是家庭和社会的未来，而在犹太人看来，对孩子的教育，比如品质、学习习惯、艺术爱好等，一定要从小抓起。不得不说，犹太人重视知识、重视智慧、重视教育的教育思想和理念，值得当今社会的家长们尤其是妈妈们借鉴和学习。

为此，我们编撰了本书，本书以理论与故事相结合的方式，最直观地将犹太人的家教理念呈现给妈妈们看，使妈妈们能更好地掌握犹太人家庭教育的精髓。相信妈妈们读完本书一定会对孩子的教育有一个全新的认识。

编著者
2023年12月

目录

第01章　犹太人对孩子开拓精神的培养：妈妈要鼓励孩子大胆创新 / 001

　　孩子的创意思维要从小培养 / 002

　　鼓励孩子突破常规思维 / 005

　　带领孩子一起探索新世界 / 008

　　鼓励孩子勇于运用创新思维 / 010

　　鼓励孩子大胆质疑，开拓新思路 / 013

第02章　犹太人对孩子的道德教育：妈妈要从小坚定孩子以德服人的信念 / 017

　　让孩子明白谦虚是一种优秀的品质 / 018

　　让孩子做一个勇于负责的强者 / 020

　　让孩子树立关心他人的美德 / 023

　　从小培养孩子懂礼貌的好习惯 / 026

　　鼓励孩子乐于与他人分享 / 028

第03章　犹太人对孩子的处世教育：妈妈要从小传授孩子生存的智慧 / 031

　　让孩子学会管理好自己的情绪 / 032

　　让孩子学会做热情好客的小主人 / 034

　　告诉孩子宽容是一种美德 / 037

　　引导孩子学会赞美他人 / 040

　　告诉孩子尊重是人际交往的前提 / 042

第04章　犹太人对孩子契约精神的教育：妈妈要告诉孩子必须守信重诺 / 045

让孩子学会遵守与他人的约定 / 046

培养遵守承诺的好孩子 / 049

诚实守信的好习惯必须从小培养 / 052

成长期的孩子需要一些规矩的约束 / 055

让孩子明白诚实是立世之根本 / 058

第05章　犹太人对孩子崇尚智慧的教育：从小培养孩子爱读书的习惯 / 063

犹太人的"吻甜书"仪式 / 064

妈妈要告诉孩子从危难中逃离时也要带着"智慧" / 066

孩子的实践能力和知识同样重要 / 068

学会质疑，让孩子带着怀疑的精神学习 / 071

知识永远比黄金更贵重 / 073

第06章　犹太人对孩子思维的训练：妈妈要让孩子学会理性思考 / 077

引导孩子做事一定要积极主动 / 078

变通的孩子才能走得更远 / 080

引导孩子转换角度思考问题 / 082

不要扼杀孩子的质疑能力 / 085

培养孩子冷静处事的心态 / 088

第07章　犹太人对孩子自立自强的教育：妈妈要告诉孩子凡事都要靠自己 / 091

让孩子尽早学会自立自强 / 092

让孩子明白自己的事自己做 / 095

让孩子明白要生存只有靠自己 / 097

告诉孩子如何做一名优秀的领袖 / 101

尽早帮助孩子树立人生目标 / 104

第08章　犹太人对孩子的赏识教育：欣赏是对孩子最好的激励 / 109

别总是对孩子投去挑剔的眼光 / 110

让孩子学会尊重他人 / 113

鼓励并发展孩子的兴趣 / 115

孩子的成长需要赏识的灌溉 / 117

不要总是拿你的孩子和他人比较 / 120

第09章　犹太人对孩子的成功教育：妈妈要帮助孩子选择一条适合自己的路 / 125

尽早让孩子了解自己未来要走的路 / 126

告诉孩子要成功就必须要具备拼搏的精神 / 128

孩子的雄心需要妈妈去激发 / 130

鼓励孩子大胆冒险，勇夺成功 / 132

第10章　犹太人对孩子学习的教育：妈妈要教给孩子最有效的学习方法 / 137

鼓励孩子积极独立地思考 / 138

从小保护孩子对世界的好奇心 / 141

启蒙时期的记忆式学习法 / 144

犹太人的重复式学习法 / 147

引导并保护孩子提问的积极性 / 149

参考文献 / 152

第01章

犹太人对孩子开拓精神的培养：
妈妈要鼓励孩子大胆创新

犹太人认为，人要想取得成功，就得在做事儿的时候具备创新的思维。一个人如若没有创新的精神，就会一直固守在旧有的思维定式中，得不到任何的进步。如果一个企业没有创新精神，就会一直止步不前，直到最终被其他企业淘汰。

孩子的创意思维要从小培养

　　我以为人生最大的刺激之一是"日新又新",不受制于旧观念,这样才能自由地寻找新创意。

——犹太人教子智慧

　　犹太人把创意思维称为"小聪明"。"小聪明"一般会被人认为是贬义词,觉得要小聪明就是投机取巧,不按正常的规则办事。其实,耍小聪明未必是一件坏事,有些时候,这些小聪明也会变成大智慧。别具匠心的小聪明,在关键的时候,也能为你带来巨大的财富。犹太人经常会注意一些生活细节,他们在这些生活细节中巧妙地运用自己的小聪明,使其变成了发财的大智慧。

> **讲给孩子的家教故事**

　　董事长休得曼总是别出心裁地想出很多巧妙的招数去满足客户的需求。比如他会将这种别具匠心的小聪明用在消费者买东西的习惯上。

　　休得曼有一家生产清洁剂的公司,他们生产的产品是能清洗机动车机件上的油污的一种清洗剂,生产后公司就用箱式车拉到各个机动车修理店去销售,但是销售的结果很不理想。后来休得曼想到一种聪明的销售方法:将以往商家的"买一送一"策略反过来用,也就是买一件很小的东西,赠送一件很大的东西。于是他将清洗剂和机件清洗机搭配出售,买一瓶清洗剂送一台机件清洗机。结果清洗机的多功能性逐渐被使用厂家认可,创造了全州500多个机动车修理厂家都安上了这种机件清洗机的纪录。

　　表面看来,休得曼的公司亏损了500多台清洗机的钱,其实不然。三年后,清洗剂的销售价格超过了500多台清洗机的价格。后来，休得曼又提出将废旧的清洗机回收，将其加工成新的清洗机再推向市场。这招又为公司赚取了丰厚的利润。

休得曼成功的秘诀是将自己的小聪明经过独具匠心的加工后变成赚取巨额财富的大智慧。有些人对这种小聪明不屑一顾，他们追求的是一下赚大钱的智慧。而休得曼用自己的成功经验为这些人上了一课：小聪明用得好，一样会成为赚钱的大智慧。由此可见，这些所谓的小聪明背后都是很好的创意思维。

犹太人认为，思维决定出路，创意助力成功，思维方式突破常规有创意，看问题的角度和方式就会不一样，所采取的行动就不同，面对机遇所作的选择也会不同，最后，人生的收获也会有所不同。正因为孩子的大脑是没有经过颜料涂抹的白纸，蕴藏着无限的潜能，可塑性非常强。所以作为父母，要有意识地培养孩子的创意思维。

具体来说，父母可以从以下几个方面进行有意识的创意思维培养。

1. 引导孩子独立思考

孩子的脑袋里总是充满了疑问，当他们一脸急切地问"为什么"时，很多父母自然的反应就是尽量给他们答案。尽管提供答案可以在短时间内增加孩子的知识量，不过若孩子总是被动地接受这些知识，他们的思维能力就不容易得到提高。

这时父母可以换一种提问方式："为什么？你认为呢？你是怎么想到的呢？那样又会怎么样呢？"这可以帮助孩子主动探索更多的东西。孩子在面对这些问题时需要对以前的经验进行思考，这有助于孩子提高独立思考能力和学习能力。在真实实践情景下，父母可以找到孩子感兴趣的话题，忍住告诉孩子答案的冲动，在孩子提出"为什么"之后，反过来问："这真是个好主意，你觉得呢？"

2. 鼓励孩子大胆想象

有时候孩子容易异想天开，因为童年是充满幻想的。或许在很多父母看

来，孩子的想象有些可笑和不切合实际，但实际上"异想天开"、不按部就班思考，对于孩子思维的发展就是可贵的，父母应该积极鼓励。

3. 让孩子学会用新眼光看待事情

犹太人认为，摆脱固有的思维模式是创造性思维的起点。当孩子学会转换思维，就会更好地看到问题情境之间的关系，从而更有效地发现创造性的问题解决之道。让孩子用新的眼光看待身边平常的事情，是培养创造性思维的基础。一旦孩子习惯了这种思维过程，当再次遇到不熟悉的问题时，他就会运用创造性思维找到新的解决方法。

4. 让孩子学会质疑

犹太人认为，创造性思维的特征之一就是对已知不断发出质疑，从而寻求新的可能性。一旦孩子习惯这种批判性深入思考问题的方式，他们的思路就会更灵活。例如，当孩子对问题提出了自己的看法之后，父母再让他们说出并尝试论证与之对立的观点，这可以让孩子形成不同的思维模式。

5. 别对孩子说"不"

自信是孩子不断进步的前提，有了自信，孩子才会变得勇敢，愿意冒险。当父母对孩子说"不"，就可能让孩子陷入沮丧，感到自卑。不管在什么时候，父母都要鼓励和赞扬孩子，避免对孩子说"不"，以免限制孩子的创造力。同时，父母还需要引导孩子对各种可能性的事情说"是"，说"为什么不"，而不是"我不能"。

6. 鼓励孩子进行逆向思维

犹太人认为，拥有创造性思维的人常常用与普通人相反的方式进行思考，这种思考方式也就是逆向思维。这种思维可以打破条条框框，在别人认为不可能或别人没有注意到的地方有所发现。逆向思维可以摆脱大脑中固有模式的束缚，在孩子需要创造出无法描绘或者无法见到的事物时，帮助孩子拓宽思路，充分发挥自己的创造力。

第01章 犹太人对孩子开拓精神的培养：
妈妈要鼓励孩子大胆创新

> 家教启示

犹太人不会将小聪明和大智慧分得那么清楚，在他们看来，只要能让自己赚到钱就行，至于运用的是小聪明还是大智慧，他们才不会计较。而对于孩子来说，只要是好的创意，就可以称为有创造性的思维。

鼓励孩子突破常规思维

聪明的年轻人认为，如果不假思索地接受前人的真理，就会使自己丧失独创性，铸成大错。

——犹太人教子智慧

犹太民族是一个很特别的民族，他们创造了许多个"世界第一"，如第一个在全国范围内建立销售网络。在商业领域，只要谈到犹太人，人们就会有说不尽的话题，这不仅是因为他们拥有高超的赚钱能力，还因为他们拥有独特的思考问题、解决问题的办法。犹太人不会被思维定式所束缚，他们具有创新的思维，敢于打破常规。

> 讲给孩子的家教故事

一个犹太人走进一家银行，来到贷款部，慢慢地坐了下来。贷款部的经理一边打量着这位先生的穿着——名牌西服、高级皮鞋、昂贵手表，还有镶嵌着宝石的领带夹，一边问道："请问先生有什么事吗？""我是来借贷的。""请问先生要借多少钱？""1美元。""1美元？"贷款部的经理非常吃惊。"嗯，不错，就是1美元。可以吗？""当然可以，只要你有担保。""这些担保可以吗？"这位先生边说边拿出了所有的珠宝和债券，"总共是50万美元。""先生，像您这种情况，可以借三四十万美元的。为什么您仅借1美元呢？""是这样，在来你们这家银行之前，我去过几家公司，他们的保险费都很贵，只有你们这

儿的担保费便宜，一年才需6美分。"

这就是犹太人打破思维定式的举动，不想交不菲的保险费，可是还得保证自己财产的安全，于是他想到了将自己的财产担保出去，这样既可以省下一笔高昂的保险费，同时还能保证自己财产的安全，使鱼和熊掌兼得。

然而，打破常规思维的创新意识是先天的吗？当然不是，这是犹太民族从小培养出来的，那绝妙的思维得益于犹太民族的家庭教育。

孩子的大脑通常是灵活的，对外界新鲜事物往往会产生浓厚的兴趣。有时候，他们会以好奇的心态向父母提问，这些问题正是孩子了解这个世界、培养创新能力的重要途径，父母千万不要对孩子的问题置之不理，或者随便应付一下，这样会让孩子失去热情，创新能力很难得到培养。另外，创新并没有我们想象的那么神奇，也没有我们想象的那么困难。我们日常生活中的点点滴滴也能体现出创新，创新就在我们身边。

从学生时代走过来的父母一定见过这样的现象：有些学生平时看上去学习不大用功，但却能时常提出一些独特的创新见解；而另一些学生平时学习刻苦，成绩也不错，但遇到问题时却常常墨守成规，缺乏创新和突破。这种反差值得每一位父母警觉和重视，不要再让孩子被动地学习，一旦他们的思想僵化，就毫无创造力可言了。因此，作为父母，应该鼓励孩子的创造性，教会孩子打破常规，当孩子的智慧火花闪现时，就要加以保护和引导。

父母可以从以下几个方面着手：

1. 保护孩子的好奇心

犹太父母认为，面对生活中的种种现象，孩子往往会提出各种各样的问题，有些问题甚至听起来十分荒谬，其实，这就是孩子的好奇心使然，父母要保护孩子的好奇心，鼓励孩子多质疑多提问。当孩子不断地问"为什么"时，父母不要马上告诉他答案，而是留给孩子一定的思考时间，让孩子说出自己的想法，激发孩子的探索精神，从而培养孩子的创新意识。

2. 激励孩子的创新意识

犹太父母问孩子："雪融化后变成了什么？"孩子眨着灵动的大眼睛回答："变成了春天。"这个孩子的回答充满了智慧，虽然回答是不符合常规的，但却是具有创新意识的。有时候，父母对于孩子的答案，不能以自己的思维方式或标准答案捆绑孩子，要鼓励孩子打破常规思维，在评判孩子答案的时候，要把是否具备创新意识放在第一位。只有不断激励孩子的创新意识，孩子的头脑中才会闪现创造的火花。

3. 在日常生活中培养孩子的创新意识

犹太人认为，创新思维的特点是灵活、变通，在日常生活中，父母需要有意识地培养孩子的创新意识。比如，父母可以和孩子一起做家务，对一些简单的事情，可以先问孩子"是否还有更好的方法"，鼓励孩子异想天开，培养孩子勇于探索敢于创造的创新精神。当孩子做完一件简单的事情时，父母可以鼓励孩子举一反三，探索更多的解决路径和适用场景，这样可以培养孩子思维的变通性和灵活性。

4. 在游戏中学习

犹太人认为，即便在和孩子玩游戏时，父母也可以有意识地锻炼孩子的创新能力，让孩子敢于打破常规思维，进行一些创造性的活动。比如，父母可以与孩子一起做折纸船游戏，提醒孩子思考"怎么样让纸船在水里行得更远并且不会沉下去"，然后引导孩子用变换纸船的折叠方法、更换纸张等方式，慢慢探索可行性方法。时间长了，孩子就会自觉思考"怎么去做会更好"。发现问题并着力解决问题，逐渐就会培养创新精神。

家教启示

犹太父母认为，对于孩子创新思维的认识并不需要太复杂，现实生活的各种场景足以体现。比如：一种游戏，孩子想出了一种新的玩法；一道数学题，孩子想出了新的解法；面对新现象，提出创新问题；等等。这些都是孩子打破

常规的创新行为。培养孩子创新意识的方法多种多样，关键是父母要扮演好领航者，鼓励孩子坚持到底。

带领孩子一起探索新世界

我的人生哲学是探索，我要揭示大自然的奥妙，为人类造福。

——犹太教子智慧

犹太人认为，父母要鼓励孩子多探索，激发孩子探索的兴趣。许多孩子都有探索的欲望，但常常被父母忽略了，或者父母没有给孩子提供探索的机会。因此，建议父母无论是在家里，还是带着孩子外出游玩时，都要不失时机地鼓励孩子去探索。你可以问问他："有什么新的发现吗？"这样，孩子就会动脑筋思考，开始自己的探索之旅。

讲给孩子的家教故事

有一天，伽利略在给学生上实验课，一边操作一边提问："当水温升高时，试管里的水为什么会上升呢？"学生回答说："因为体积增大，水就膨胀上升。"伽利略再问："那水冷却之后呢？"学生回答说："体积就会缩小，试管里的水又会下降。"

这一回答，让伽利略忽然间想到：既然水的温度变化会引起体积的变化，那么，从水的体积变化中不就可以测出温度的变化了吗？于是，伽利略迫不及待地开始了自己的实验。他先是用手握住试管的底部，让管内的空气慢慢变热。然后倒过来插入水中，再松开手，这时水被吸入试管。当伽利略重新握住试管，水又被压了下去，然后伽利略将这支极细的试管灌满水，在排出空气后密封，并刻出温度。就这样，世界上第一支温度计诞生了。

有的父母带着孩子外出游玩的时候，喜欢警告孩子："不许到那个地方去！""不要跑远了。"如果看见孩子正在观察一只毛毛虫，就赶紧斥责："一只毛毛虫有什么好看的，一会儿它爬到你身上怎么办？"就这样，孩子探索的兴趣被扼杀了。但如果父母问一句："你在看什么呢，发现有什么好玩的吗？"也许孩子能够说出自己的想法，长此以往，孩子就会养成一种习惯，看到新鲜有趣的事物，就会留心观察，有什么疑问，他也会自己想办法找答案，这样有利于培养孩子的探索能力。

父母可以从以下几方面入手带孩子探索世界。

1. 不要直接告诉孩子答案，鼓励孩子自己探索

犹太人认为，不要直接告诉孩子答案，而要鼓励孩子自己探索。有的父母看见孩子正在观察什么，就在旁边介绍个不停，唯恐孩子不懂这些。虽然，父母主动告诉孩子，孩子很快就能学到知识，但这些知识却是被动接受的。其实，这时候父母不应该把答案告诉孩子，而要鼓励孩子自己去探索，虽然探索的过程比较慢，但是在这个过程中孩子可以学到认识事物的方法，体会主动探索的乐趣，时间长了，孩子就养成了主动探索和学习的好习惯。比如，父母买回了菠萝、螃蟹、玻璃瓶等新鲜物品，只需告诉孩子事物的名称就可以了，其余的可以让孩子自己去探索，在探索的过程中，孩子会发现菠萝外面的刺具有伤害性、螃蟹跟菠萝不同的是会夹人、玻璃瓶易碎需要小心。

2. 让孩子体验探索带来的成就感

有的父母习惯给孩子买积木，让孩子通过自己的想象堆出奇形怪状的东西。这时候不妨把自主权交给孩子，随便孩子怎么玩。而当孩子让你欣赏自己的杰作时，你要给予称赞，如"哇，又有新玩法了，真不错"，并且鼓励孩子积极探索，比如说"还有更好玩的玩法吗？"孩子就会在父母的鼓励之下开始新的尝试。你会发现在这个过程中，孩子的头脑越来越灵活了。

3. 多鼓励孩子探索，不要有太多的"不准"

有的父母带着孩子出去玩，出门之前就施发各种"不准"命令：不准把衣服弄脏了，这样看上去像个坏小孩；不准爬树；不准到处乱跑……犹太人

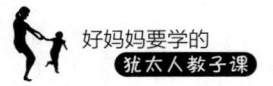

认为，当父母不断给孩子施加各种命令时，实际上就是在扼杀孩子的探索兴趣。面对外界的新鲜事物，父母应多鼓励孩子去探索，把自主权交给孩子，让孩子放开自己，勇于探索。

4. 做好一个旁观者

犹太人认为，当孩子在专心地做一件事情的时候，父母不要干扰孩子，尽量不要催促他，也不要在旁边不断地提醒他不可以这样、不可以那样，否则会让孩子感觉不受尊重。如果孩子在探索过程中遇到了困难，父母不要急于帮助他，而应该先给孩子一些建议，慢慢引导他战胜困难，获得成功。

家教启示

犹太父母认为，探索的兴趣是孩子获取知识的重要条件，同时也是孩子进行创造性活动的推动力。一旦孩子对某种事物或现象产生了兴趣，就会向往它，进而去接触它、了解它，对其进行观察和思考，未来还可能在某个领域作出突出贡献。

鼓励孩子勇于运用创新思维

创新，一切皆有可能。

——犹太教子智慧

创新的基础是要有一颗好奇心，只有具有好奇心的人，才会具有创新精神。一个对任何事都习以为常的人，是无法从熟悉的事物中发现新事物的。人只有对某件事情产生好奇心，才会不断地研究下去。没有好奇心，人根本就谈不上创新。犹太人在做事的过程中，善于打破常规，不会因循守旧、墨守成规，这也为他们带来了很多机会。人的思想是活的，没有生命力的制度法律都是死的，只要它们有弊端，人就可以改变。如果用常规方法不能解决问题，就应该用创新的思维方式思考，或许很快就能将问题解决了。

> **讲给孩子的家教故事**

有一天，物理学家、工程师和画家三个人想比比谁的智商高，他们各说各的厉害之处，但是谁也不服谁，于是他们决定进行一场比赛，以此来评判三个人谁的智商更高。他们为此找来了一个裁判，让他出个题来考考他们。

于是，考官将他们带到了一座高楼下面，并且给他们每人一个气压计，让他们用气压计测出这座高楼的精确高度。比赛的规则是不管用什么方法，只要能测出楼的高度就行。方法最具创新性的就是赢家。物理学家用气压计先测出了楼下的气压，然后爬到楼顶，测出了楼顶的气压，最后他根据气压公式算出了楼的大体高度。工程师不慌不忙地爬上楼顶，探出身去，看着手表的秒针，然后让气压计自由落下，他准确地记录了气压计下落的时间，并根据自由落体公式算出了楼的高度。工程师和物理学家在等着看画家的笑话，因为他们不相信画家还有什么公式可以运用。只见这位犹太画家非常镇定，他想既然用平常解决问题的方式无法将问题解决，那么只好用别的办法了。于是，他敲响了楼下看楼人的门，向他询问楼的高度，报酬就是自己手中的气压计，看楼人毫不犹豫地告诉了画家楼的准确高度。比赛的结果可想而知。

物理学家和工程师因为气压计的存在，忽视了其他解决问题的方式，被气压计和自己的学识束缚了思维。而画家却能跳出这些固有的思维定式，用创新的思维方式来思考解决问题的新方法，这就是他取胜的原因。

犹太人认为，只要智力正常的人都有创新思维，只是很多人的创新思维一直处于未觉醒的状态，等着特定时候被唤醒，这就告诉父母要不断引导孩子进行思维训练。对于年龄较小的孩子而言，他们的大脑还处于萌发期，想要孩子将来有更强的创新思维，父母就要担负起引导的责任。

犹太人认为，创新思维是可以培养的，只要父母多注意孩子一些独特的思维，不要用陈旧的框框束缚孩子，对孩子的想象力多一些鼓励，多给孩子提供

独立思考的空间，孩子的创新思维就会得到很好的激发。

培养孩子的创新思维，父母可以这样做：

1. 与孩子分享阅读的快乐

犹太人认为，阅读对于培养创新思维有很重要的作用。父母可以为孩子挑选他喜爱的书籍，这样可以激发孩子看、读、思的潜在意识。此外，父母还要跟孩子一起读书，只要孩子愿意看，父母就要不厌其烦地陪着孩子读。同时，父母也要鼓励孩子讲故事给他们听，此时父母要扮演一个忠实的聆听者，注意不要在孩子讲错时打断他的思路甚至打消他的积极性。

当然，阅读时父母还可以和孩子互动、表演，比如看了小白兔的故事，父母可以将手指竖起来，立在头顶，学着小白兔蹦蹦跳跳地在孩子面前走两圈，再让孩子跟着学。

2. 训练孩子的记忆力

孩子6岁以前的记忆具有以无意识记忆、形象记忆为主导的特点。因此父母要丰富孩子的生活环境，比如给孩子讲故事，带孩子去公园、动物园，和孩子一起做游戏等，增长孩子的见识。在训练孩子记忆力方面，跟孩子讲故事或外出游玩时可以给他们提出识记任务。只要父母坚持，通过一段时间的训练，孩子有意识的记忆就会得到很大提高。

此外，父母要尽可能地给孩子提供各种帮助记忆的游戏、方法等，毕竟，游戏始终是孩子喜欢的，在玩耍的过程中，孩子的记忆力能被最大限度地激发。同时，多给孩子听优美的古典音乐，不但可以陶冶孩子的性情，还可以增强孩子对语言的记忆力。

3. 培养孩子动手动脑的能力

父母要有意识地训练孩子的归类能力，比如，让孩子在户外捡些树枝、树叶，鼓励孩子对物体根据颜色、形状、触感等特征进行分类。父母还要训练孩子的动手能力，比如，为了让孩子知道彩虹是怎么出现的，父母可以选择在阳光很好的时候，将一只装满水的盆搬到阳光下，在盆的另一边摆放一面镜子，保证镜子的一半在水里，另一半在水面上，再将一张白纸放在装水的盆前面，缓缓移动镜子，此时镜子反射的光线正好落在白纸上，白纸上就会形成一道彩虹。

4. 训练孩子的模仿能力

犹太人认为，父母需要培养孩子的模仿能力，给孩子制造更多的模仿机会。例如，父母扮演孩子，孩子扮演大人，让孩子体验成年人的世界。此外，还可以通过讲故事拓展孩子的模仿能力，比如父母讲到有趣故事的时候，可以停下来问孩子："接下来会发生什么事情呢？"鼓励孩子发挥想象力续编故事。

> 家教启示

犹太父母认为，在平时的生活中，父母可以多鼓励孩子用创新的思维方式解决遇到的问题，并在解决问题的过程中多问问孩子：这个问题只有一种解决方式吗？难道没有更好的解决方法吗？引导变换一下思考问题的角度，或者变换一下思考问题的前后顺序，或许孩子就会从熟悉的问题中找出更有效的解决方法。

鼓励孩子大胆质疑，开拓新思路

怀疑能把昨天的信仰摧毁，也能替明日的信仰开路。

——犹太教子智慧

犹太人认为，问题是思维的起点，是思考的动力，一切新的发明都是从发现问题开始的。因为发现了问题，人们才会主动思考，才会想尽办法将问题解决。科学上就是因为发现了问题，才促使各项发明层出不穷，为人类的生产生活带来诸多便利。可以说，犹太民族就是一个善于提出问题的民族。犹太人认为，思考是由一连串的问题组成的，思考越多，问题就越多，对知识的理解也

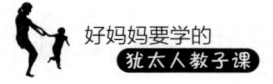

就越深；知道得越多，你的疑问也就越多，你提出好问题的概率也就越大，你就越容易获得成功。

> 讲给孩子的家教故事

作为一家五金商行的小职员，犹太人汤姆只想当一名称职的员工。他们店里的生意不是很好，有很多积压的产品，因为这些产品已经过时了，所以根本就没有人过问，老板非常担忧。

汤姆想，反正也不指望这些商品挣钱了，为什么不将它们贱卖出去？于是，他就将这个想法告诉了老板。老板听后，非常满意，因为他也很想将这些过时产品推销出去，放在库房里既占地方，还让人堵心。于是他接受了汤姆的建议，将这些过时的商品摆到一张大台子上，每样都标价10美分，让顾客自由挑选喜欢的产品，结果这些商品被抢购一空。

接着老板就将更多的过时商品摆在了台子上，很快就又销售精光。汤姆觉得这是一种很好的销售策略，于是他建议老板将这个点子用在店内所有商品上，但是老板担心这样做会让自己赔本，便没有接受他的建议。最终汤姆决定自己开一家这样的五金店，他找来合伙人，经过不懈的努力，最终甚至建立了自己的全国连锁店，赚取了大量利润。原来的老板见汤姆取得了这样大的成功，非常后悔自己当初没有听取他的建议。

汤姆的成功就是因为他能提出新问题，并通过自己的思考找到问题的答案。他没有被传统的营销方式所束缚，而是找到了解决问题的另一种方式。"每件商品的标价都是10美分"，虽然很多商家不看好这种营销方式，但是汤姆却用自己的实际行动证明了这种营销方式的可行性和正确性。

敢于提出疑问，然后努力去解决问题，这是犹太人的习惯。而实际上，孩子们学习的过程也是发现问题、解决问题的过程。因此，父母要做到以下几点。

1. 鼓励孩子提出问题

犹太人父母最担心两种情况：一种是孩子不提问题，另一种就是孩子问题一大堆，七零八落。提不出问题的孩子，表示他们根本不懂；而问题一大堆的孩子，则表示他们没有抓住问题的关键，问题问得不清楚。提出疑问是很重要的，是否提出问题反映了孩子的思维是否积极，因为一个不思考的孩子是不会提出问题的，只有那些思维活跃的孩子才能提出问题。因此，父母需要多鼓励孩子提出疑问。

2. 引导孩子抓住问题的本质

孩子提出问题后，父母需要明确这个问题背后究竟是什么，这是通过思考，对问题进行分析，抓住疑问的本质。父母可以指导孩子根据现有的知识和经验将疑问分类，假如不能正确地对问题进行分类就谈不上解决问题了。对问题归类的过程尽管是根据已有的知识和经验进行的，但是其前提是要对问题进行分析，而分析的过程就是抓住疑问的本质的过程。

3. 鼓励孩子提出假设

提出疑问假设是在明确问题的基础上进行的，提出假设其实就是抛出解决问题的方法。将问题分类之后，提出假设就是将解决这个问题所用到的已有知识进行重组和推理，最终得到一个或多个答案。父母要鼓励孩子就一个问题提出多种假设，这样可以使孩子对所学知识融会贯通。

4. 教孩子检验答案

当孩子在提出假设时得到了问题的答案后，有的孩子会停留在那里，认为问题已经解决了。实际上，问题还没有真正被解决，这时父母需要鼓励孩子去检验答案，如果检验时发现错误，就需要重新开始，以此引导孩子养成检验答案的习惯。

5. 善于引导、启发、鼓励孩子

犹太人认为，父母是孩子的指路明灯，这意味着当孩子有疏忽的时候，父母要及时引导、启发。所以父母要比孩子更细心地观察身边的事物，毕竟父母比孩子的经验丰富。在引导和启发孩子时，少说"这么明显的错误都没看到？"之类的话，否则会伤害孩子的自尊心。

家教启示

犹太民族是一个不断追求创新的民族,他们的创新能力是在不断提出新问题,并不断尝试寻找新的解决办法的过程中练就的。父母需要鼓励孩子多观察、多思考、多质疑,这样才能发现问题,也才能在这个基础上找到解决问题的方法。

第02章

犹太人对孩子的道德教育：
妈妈要从小坚定孩子以德服人的信念

一个人能够取得很大的成就，在很大程度上取决于他的高尚品格。犹太父母除了教育孩子热爱知识、拥有智慧以外，还要让孩子认识到品德的重要性，鼓励孩子从小就做一个品德高尚的人。事实上，所有取得巨大成就的人都具有高尚的道德情怀。

让孩子明白谦虚是一种优秀的品质

自满、自大和轻信，是人生的三大暗礁。

——犹太教子智慧

犹太人认为，谦虚是一种优秀的品质。一个人的生命是有限的，但知识却是无限的，再勤奋的人也不可能把所有的知识都学完。因此，在知识面前一定要谦虚，凡是取得成功的人，他们在一生中总是谦虚地学习，不断地提高自己。我们处在优越的环境中，很多人取得了一点成绩就很容易骄傲，然而，今天取得的好成绩并不代表明天成绩依旧优秀，一个优秀的孩子应该是全面发展的孩子。正由于孩子的身心都处于发展时期，许多品质还没有形成，孩子们很容易走进骄傲自负的误区，所以作为父母，需要帮助孩子克制自满的情绪，让孩子学会谦和。

讲给孩子的家教故事

富兰克林8岁时入学，虽然他成绩优异，但因父亲的收入无法负担他的学费，他10岁时就离开了学校，回到家里帮父亲做蜡烛。12岁时，他在一家小印刷厂当学徒，但后来不满厂里的严格管理就私自离开了，去费城当了一名印刷工。在那里，富兰克林组织了一个"皮围裙俱乐部"，这是一个读书交友会。闲暇之余，一些年轻人就在这里交流读书的乐趣、理想和个人发展规划。由于大多数工友并没有多少知识，而富兰克林曾在印刷厂掌握了一些知识，他不禁有点飘飘然，常常在工友面前夸夸其谈，显示自己很有学问，甚至有些瞧不起其他工友，这令许多人看他不顺眼，不愿意跟他来往。

有一次，一个工友把富兰克林叫到一边，大声对他说："富兰克林，像你这样是不行的！凡是别人与你意见不同的时候，你总是表现出一副强硬而自以为是的样子，你这种态度令人难以接受，以致别人懒得再听你的意见了。你的朋友们都认为不与你在一起时比较自在，因为你好像无所不知、无所不晓，别人无话可讲了，都懒得和你谈话。长此以往，对你根本没有好处，因为你从别人那里根本学不到一点东西，但是实际上你现在所知道的很有限。"富兰克林听了工友的斥责，讪讪地说道："我很惭愧，不过，我也很想有所长进。""那么，你现在要明白的第一件事就是，你过去太蠢了，现在仍然太蠢了！"这个工友说完就离开了。

这番话让富兰克林受到了打击，他猛然醒悟过来，意识到自己不应该再骄傲下去了，应该做一个谦虚的人，他提醒自己："要马上行动起来！"后来，他逐渐摒弃了骄傲、自负的毛病，经过奋斗最终成为著名的科学家、政治家和文学家。

富兰克林因为骄傲，朋友都疏远他，但在朋友的好心劝告下，他醒悟了，逐渐克服了自己的缺点，最终变得谦虚而真诚。犹太父母认为，骄傲会让孩子放大自己的优点，不去正视自己身上的问题，甚至容易把别人看得一无是处，这样的孩子听不进别人善意的批评，总是带有盲目的优越感，从而会放松对自己的要求，渐渐地，他就很难有所进步甚至不思进取。因此，父母可以有意识地制造一些困难让孩子去攻克，让孩子认识到做好并不容易，人生之路也并不平坦，从而促使孩子虚心学习，不断进步。

父母要在以下几个方面对孩子加以引导。

1. 让孩子看到自己的缺点

孩子如果从小就被父母夸奖，受到许多人的关注，经常处于一个受表扬和鼓励的环境中，会变得更加自信。但是犹太父母认为，在夸奖、赞美中，孩子们容易只看到自己的优点，却看不到缺点，这对于孩子的成长是极为不利的。所以，父母需要引导孩子比较全面地了解自己，鼓励他们勇于接受批

评，看到自己的缺点，虚心接受父母与老师的建议，这样孩子才能全面、健康地发展。

2. 帮助孩子克制自满的情绪

犹太父母认为，孩子还处于学习知识、积累经验的阶段，对于内心滋生的自大，他们并不懂得如何去克制。因此，父母应该保持警惕心理，鼓励孩子多读书，让孩子清楚地知道"谦虚使人进步，骄傲使人落后"这一道理，鼓励他做一个谦虚的孩子。

3. 引导孩子找到自己的榜样

但凡成功人士都非常谦虚，所以父母可以用名人的事例激励孩子学会谦虚。当孩子有了自己崇拜的成功人士，并且了解他们成功的经历后，就会逐渐养成谦虚的好品质。这样能让孩子明白只有谦虚的人才会不断地提高自己，从而取得更大的成就。

【家教启示】

犹太父母认为，从小就要培养孩子谦虚的品质。当他们在学习上取得优异成绩时，帮助他们克服骄傲自满的情绪，让孩子学会保持一颗平常心，不沾沾自喜、自以为是。告诉孩子：如果获得了一点成功便觉得很了不起，这个心理是很危险的。优秀的孩子更需要虚心接受老师与父母的教诲、倾听朋友的建议，这样才有可能走向成功。

让孩子做一个勇于负责的强者

> 一个人能够承担多大的责任，就能取得多大的成功。
> ——犹太教子智慧

丘吉尔曾这样说过："伟大的代价，即是责任。"这句话一次又一次被那些为人类幸福而奋斗的人所证实。犹太人也认为，不懂得负责、不懂得责任重要性的孩子永远长不大。凡是作出一番成就的人，都懂得为自己的过失买单并且敢于承担责任。所以，父母应该努力把孩子培养成一个负责任的人。当孩子能够主动地、自觉地尽职尽责时，自身也会获得满意的情感体验；相反，当孩子没有责任心，不能尽责时，就容易产生负疚和不安的情绪。

讲给孩子的家教故事

1920年，一个11岁的美国小男孩在院子里踢足球的时候，不小心打碎了邻居家的玻璃。对方很生气，当即索赔12.5美元，在当时，12.5美元可以买125只生蛋的母鸡了。事后男孩主动向父亲认错，恳求父母帮助自己解决问题。然而，父亲却拒绝了这一请求，他对小男孩说："你是一个男子汉，自己做错的事情要自己负责。"男孩小声地说："可是，我现在没有那么多钱。"父亲说："这笔钱我可以先借给你，但是一年之后你要还给我。"男孩答应了父亲的要求。

从此以后，每逢周末、假日，男孩便外出打工，他做了许多工作，包括洗车、擦玻璃、漆房子等。他不辞辛劳地忙碌着，希望能够尽快攒够这笔钱还给父亲。就这样，经过了半年的努力，他终于赚足了12.5美元还给了父亲。这个男孩就是罗纳德·威尔逊·里根，当他回忆这件事情的时候，他这样说道："通过自己的劳动来承担过失，使我懂得了什么叫责任。"

父亲之所以这样做，就是为了让里根明白一定要对自己的过失负责，做一个有责任心的人，这样才能真正成为一个男子汉。责任心是指个人对自己和他人、对家庭和集体、对国家和社会担负责任的认识、情感和信念，以及与之相应的遵守规范、履行义务和承担后果的自觉态度。责任心是一个人应该具备的基本素养，是健全人格的基础。对于孩子来说，责任心更是个人价值实现的基础。所以，父母培养孩子的责任心，也是对孩子未来的发展负责。

那么，父母要怎样培养孩子的责任心呢？

1. 让孩子学会对自己负责

犹太人认为，一个人只有懂得尊重自己的感情、尊重自己的理想、珍惜自己的年华和生命的活力，才能合理安排现实生活。责任心的建立是一个人成熟的标志。父母应该让孩子明白，无论做什么事情，都是为了他们自己，如果自己什么也做不好，得不到大家的认可，那么，他们就是对自己不负责任，最终影响的还是他们自己。比如，孩子的主要任务是学习，假如学习不够认真，那就是对自己不负责任。此外，父母需要告诉孩子，对自己负责还包括对自己的事情负责，凡是能够自己做的事情都要自己去做，包括穿衣、洗脸等。孩子只有从小养成对自己的事情负责的良好习惯，长大后才有可能慢慢学会对父母、朋友、老师等有关的人和事负责。

2. 让孩子学会善待他人

在犹太人看来，关心他人、善待他人是培养孩子对家庭和社会负责的基础。在日常生活中，引导孩子关心老人、病人和比自己小的孩子。当爷爷奶奶生病的时候，引导他们学会照顾老人。熟记朋友的生日，并在生日那天给朋友送上一份生日礼物。

3. 让孩子学会反省

犹太父母认为，孩子需要适时反省。孩子们在分析问题的时候，如果只会考虑别人的过错，总是为自己找借口，就有可能会导致他们缺乏责任心。比如：遇到困难不去解决，而是把责任推到父母身上；学习成绩不好，就把责任推到老师身上。这些都是不良的行为习惯，父母需要告诉孩子：做错一件事情，我们首先应该反省自己，分析自己的过失，并从中厘清自己该负什么样的责任。

家教启示

犹太父母认为，责任心是健全人格的基础，是未来能力发展的催化剂，更是孩子们成长所必需的一种营养。懂得自己的责任，学会负责，孩子才有前进的动力。只有认识到自己的责任,孩子才能知道应该做什么以及怎么去做。

让孩子树立关心他人的美德

得到他人的关爱是一种幸福,关爱他人则更是一种幸福。

——犹太教子智慧

犹太人认为,应该让孩子树立这样一种观念,即理解他人、念及他人、关心他人。告诉孩子,给予他人关心的时候,既温暖了对方,同时也将会温暖自己,因为被人关心是一种美好的享受,而关心他人也是一种高尚美好的品德。人相处的本质就是爱的相互存在,我们的生活是由与他人的相互交往构成的。告诉孩子:学会关心他人,就是要求我们善于理解他人,随时准备支持他人,并从行动上关心他人。正如歌曲所唱的,"只要人人都献出一点爱,世界将变成美好的人间"。

讲给孩子的家教故事一

12岁的李斯特在维也纳举办了一次成功的演奏会,演出结束之后,音乐大师贝多芬走下台,把李斯特搂在怀里,在他的额头上吻了一下。顿时,李斯特像得到了宝贝似的,激动得快要昏过去了,他难以忘怀这一刻。后来,李斯特成了著名的音乐家,在其漫长的教学生涯中,对于学生,他总是以贝多芬的方式——亲吻额头作为奖励,并对他的学生说:"好好照料这一吻,它来自贝多芬。""我们应该继承贝多芬传给我们的东西,并把它继续发展下去。"直到今天,我们依然在传递"贝多芬之吻"。

犹太人认为,孩子需要从小学会关心他人,因为关心他人是一个人最基本的素质。应该让孩子明白,一个冷漠自私的人是没有人愿意跟他交朋友的,他

也无法获得他人的关心和爱护,更无法为这个社会分担什么。然而,很多孩子在生活条件越来越好的今天,常常表现出任性、霸道和自私的个性,这值得家长予以重视。

讲给孩子的家教故事二

古代有两位农夫兄弟,他们一起耕种着一块土地,一起播种、照料,等待着粮食丰收。秋天到了,粮食获得了大丰收,兄弟俩各自分取了一半儿。当时,哥哥已经成婚,而且有了孩子,而弟弟还没有成家。

有一天晚上,弟弟心想:哥哥已经结婚了,还有孩子,家庭负担比我重,我应该多接济哥哥一些粮食。于是,他起身就把自己的部分粮食挪到了哥哥的仓库里。然而,在同一个晚上,哥哥也在想:我已经有了一个家,现在有媳妇关心我,将来还会有孩子照顾我,可弟弟还是单身,他应该为今后多存一些粮食。于是,他也起床把部分粮食挪到了弟弟的仓库里。第二天早上,兄弟俩同时发现,自己的粮食都没有减少,彼此都感到很奇怪。到了第二天晚上,他们又把各自的部分粮食挪到了对方的仓库里。到了第三天晚上,他们照样还是这样做了。就在第四天晚上,他们在挪粮食的时候恰巧碰面了,这时候他们才发现,彼此在对方的心中是多么重要,关爱之情是多么深沉。

犹太母亲说:关心他人其实就是关心自己。父母是孩子接触最早、最多的亲人,所以父母在生活中不仅要让孩子树立关心他人的美德,还需要做好榜样。也可以让孩子们之间互相学习、互相促进。主动帮助别人,就是要善于理解别人的处境、情感和需要,并且随时准备帮助别人,从行动上关心别人,与他人建立和谐友好的人际关系。

聪明的犹太父母是如何培养孩子帮助他人的呢?

1. 让孩子成为家里的"小帮手"

犹太父母认为,有必要让孩子干家务。一位妈妈的手受伤了,无法干家务活,恰巧爸爸又外出了,这时候,孩子按照妈妈的吩咐自己做了稀饭,并且在饭后主动刷碗，最后受到了妈妈的称赞。其实，一些简单的家务活是难不倒孩子的，但父母不能强迫孩子去做，而应循循善诱，激发孩子的同理心，让孩子主动帮忙，做父母的"小帮手"。适时给予孩子赞赏，这样孩子会认识到帮助别人的重要性，自己也能从中体会到快乐。

2. 营造温馨的家庭环境

犹太父母认为，如果孩子长期生活在一个温馨的家庭里，他就会更乐于助人，更愿意为他人着想，也更容易同情别人。因而，父母要为孩子积极营造温馨的家庭环境，经常鼓励孩子主动帮助别人，在这样的氛围影响下，孩子是很容易主动去帮助别人的，因为他的心里充满了爱。

3. 父母要以身作则

犹太父母认为，要想教会孩子主动去帮助别人，最关键的是父母要以身作则，为孩子树立好榜样。在孩子面前，父母要尽可能地表现得体贴大度，时常主动帮助别人，示范给孩子看，把这样的观念渗透在一言一行中。如果父母只是教育孩子帮助别人，自己却言行不一致，那么孩子就会效仿你的行为，言教也就失去了效果。

4. 鼓励孩子去完成一些任务

犹太人认为，父母可以多让孩子参加公益活动，比如植树、除草，同时还可以鼓励孩子主动帮助邻居取牛奶、拿报纸，让孩子从中感受到乐趣。父母还可以鼓励孩子去做一些有意义的事情，比如照顾小妹妹，或者帮助小弟弟制作玩具，这可以培养孩子主动帮助他人的品质。当然，有时候孩子并不能自发地去做这些事情，父母就需要鼓励他们，甚至需要温和地引导他们，不断鼓励孩子去完成一些任务。

> **家教启示**

从小培养孩子主动帮助别人的良好习惯，这对孩子未来高尚品质的建立，以及健全人格的产生有着极其重大的影响。被誉为"最聪明民族"的犹太民

族,他们就非常崇尚帮助别人的美德,而那些犹太孩子也从小就被灌输主动帮助别人的思想。

从小培养孩子懂礼貌的好习惯

礼貌经常可以代替最高贵的感情。

——犹太教子智慧

犹太人认为,礼貌是指人与人之间和谐相处的意念和行为,是言谈举止对他人尊重与友好的体现。文明礼貌是一种品质,我们只有具备了这种优秀的品质,才能创建出一个文明的社会。礼貌是拉近自己和他人关系的一座桥梁,懂礼貌的孩子容易被别人接受、喜爱。懂礼貌是现代人的一个重要标志,它是一个人的基本素养,无论是在家庭、学校、社会还是团体里,孩子需要展现给他人的首先是文明礼貌方面的素养,这将直接体现其本人的修养。

现在,我们经常会看到一些孩子在一些公共场合旁若无人地大声喧哗,随手乱扔垃圾,买东西也不排队。许多人见了就会责怪说:"这孩子不懂礼貌。"其实,培养孩子文明礼貌意识的责任,主要在父母身上。俗话说:"三代出一个贵族。"这就说明高雅的气质、文明的举止是需要从小塑造的,是家庭的责任。父母不要忽视了对孩子文明礼貌的教育,要把这项任务作为重中之重。

讲给孩子的家教故事

一个富有的犹太人赶路时,一个穷人向他乞讨一些过安息日的食物,但是富人冷漠地拒绝了,他甚至认为穷人耽误了他走路的时间。回到家后,他用很轻蔑的语气把这件事告诉了妻子,妻子训斥了他。原来,妻子小的时候家里比较穷,她始终记得父亲当时为了乞讨安息日的食物,受了多少苦。这个犹太人被妻子训斥后,反省自己做得确实过分了,于是就返回去找那个穷人,并且给他买了过安息日的食物。"不要耻笑别人"这句话很早以前就被写入了犹太人的经典里。

礼貌是对他人的一种尊重,犹太人认为尊重他人非常重要,人与人之间最重要的就是尊重。人与人都是平等的,虽有贫富之分,但没有高低贵贱之别。认为耻笑他人是不礼貌的,只有尊重别人的人才会得到别人的尊重。

对于父母而言,如何培养出一个懂礼貌的孩子呢?

1. 教会孩子习惯说礼貌用语

父母要教会孩子习惯说"请""谢谢""对不起""没关系"等礼貌用语,当然,这需要父母以身作则,在生活中常说礼貌用语,给孩子树立好榜样,让孩子在耳濡目染中学会文明用语。

2. 教导孩子邻里须和睦相处

犹太父母要求孩子进出家门见了邻居要主动打招呼,如果在院子里、楼道里碰到了邻居,不抢道,要主动让别人先走。如果孩子要去隔壁家找小朋友玩,也需要先敲门,得到允许之后才能进入。而我们父母在日常生活中要叮嘱孩子不能在家里蹦跳、跑步、拍球、敲打地板等,不影响邻里的休息,让孩子懂得与邻里文明和睦相处。

3. 教导孩子尊重长辈

父母要教育孩子遇见长辈时要主动问好,见了老师要行礼,称呼长辈和老师要用敬称"您"。如果爷爷奶奶等长辈来家里做客,作为晚辈的父母要先请长辈坐,给孩子树立好榜样。长辈离开的时候,提醒孩子说"再见"或者挥手表示告别。

4. 教导孩子与小伙伴友好相处

犹太人告诉孩子与小伙伴玩耍的时候,要互相谦让,不能抢别人的玩具,

也不能随意发脾气,更不能打人骂人。对身边的朋友或者同学也要有礼貌,如果看中了朋友的玩具,需要友好礼貌地找对方商量,得到对方的允许之后才能玩。如果在游戏中误伤了小伙伴,要说"对不起",向对方承认自己的错误,以求对方的原谅。

家教启示

现代家庭的许多孩子都是独生子女,这很容易形成以孩子为中心,长幼不分的不良风气,该有的礼貌规矩也没有了,这就很容易让孩子养成无礼的不良习惯。犹太人认为,父母是孩子的第一任老师,教导孩子学礼仪、懂礼貌,这是责无旁贷的。父母要想自己的孩子成为文质彬彬、举止大方高雅的人,那么就要从小有意识地训练他们。父母需要告诉孩子什么是好的行为、什么是不好的行为,提醒孩子什么应该做、什么不该做,用心端正孩子言行举止的方方面面。重视培养孩子文明的习惯,会让孩子受用一生。

鼓励孩子乐于与他人分享

好咖啡要和朋友一起品尝,好机会也要和朋友一起分享。

——犹太教子智慧

犹太父母认为,孩子从小就应该学会与人分享。不过,在现实生活中,许多孩子都有这样的特点:表现得非常霸道,独占欲很强,喜欢一个人玩,在游戏中经常把许多玩具放在自己的周围,并常常对那些想要玩自己玩具的小朋友说"这些玩具都是我的!你不能玩!"这样的孩子不懂得与他人分享,自然就体会不到分享的快乐。其实,之所以存在这种现象,大多数与家庭环境和家庭教育有着极为密切的关系。现在绝大多数孩子是独生子女,因而他们是家庭的"中心人物",父母以孩子为中心,独生子女又缺乏与伙伴分享交往的经历,这些现状是造成孩子"霸道"、不会分享的根源。作为父母，只有从这些根源出发，对症下药，才能让孩子体会到分享的快乐，继而学会分享。

讲给孩子的家教故事

犹太小伙子多克是一个喜欢分享的快乐家伙。

在第二次世界大战期间，多克是协助医院做救死扶伤工作的志愿者。战争给士兵带来了痛苦与烦闷，面对医院里阴沉的气氛，为了帮助伤员驱走心中的阴云，给予伤员战胜痛苦的力量，多克在医院的墙上写下一句话："没有人会在这里死去。"他的行为引起了人们的注意，大家都看到了这句话，同时，也都记住了这句话。伤员们为了不让这句话落空而选择坚强地活着，众多医护人员对伤员也给予了更精心的照顾，大家都对战胜死神充满了信心。多克的那句话给大家带来了好心情，带来了战胜痛苦的力量，最后，伤员们都康复出院，重返战场。

"二战"结束后，多克成为一名邮差，他坚信自己除了给人们带去邮件之外，还能够给人们传递快乐。因此，在送邮件的路上，他总是带着许多纸条，上面写着鼓励的话语，如"别烦恼，今天是个不错的日子""笑口常开"等。所到之处，给人们都带去了快乐。

多克将自己的快乐分享给他人，成为传递快乐的人。在生活中，人们都希望自己的生活充满快乐，但快乐却未必常常光顾我们。这时父母应该引导孩子不仅要善于发现快乐，更要把快乐传递给他人。当然，要想带给他人快乐，孩子自己首先要快乐，如果自己都不快乐，还怎么为别人传递快乐呢？

具体来说，父母可以这样指导孩子：

1. 不娇不溺，家人共享

犹太人认为，父母不要溺爱孩子，让孩子吃独食，这样被娇惯的孩子是不懂得与他人分享的。有的父母出于对孩子的爱，就把一些好吃的、好玩的全让给孩子，即使孩子想与父母分享，父母也会推辞，让孩子一个人独享。时间长了，就强化了孩子的独享意识，孩子理所当然地就把那些好吃的、好玩的据为己有。所以，父母不要娇惯和溺爱孩子，也不要以孩子为中心，甚至无限制、无条件地满足孩子的任何需求，而是要让孩子们学会感恩，学会与别人分享，让孩子体会到分享的快乐。

2. 不要对孩子特殊化

在犹太家庭中，父母会始终秉持着"公平"的态度，这对防止孩子滋长"独享"意识有着积极的意义。父母要教导孩子既要看到自己，也要想到别人，要懂得人与人之间相处是建立在平等的基础之上的。让孩子明白好东西应该与大家一起分享，不能只顾自己而不顾别人。

3. 让孩子明白分享是一种互利

犹太父母认为，许多孩子之所以不愿意与别人分享，是因为他们觉得与他人分享就意味着失去，这时候，父母应该理解孩子这种不愿意失去的心情，慢慢引导，让孩子明白分享并不是失去而是一种互利。分享体现了自己的大度与关怀，自己与别人分享，别人也会回报自己的大度与关怀，这样在分享中能够获得一种快乐。一旦孩子在分享中获得了互利与快乐，他就会乐于与别人分享自己的东西。

4. 鼓励孩子与他人分享

犹太人认为，父母可以积极创造机会让孩子与其他小朋友一起玩，让孩子在与同龄孩子游戏时表现大方，教给孩子与人交往的技巧，帮助孩子养成关爱他人、谦让友好的行为习惯。另外，父母还要鼓励孩子与他人分享，当孩子做出分享的行为时，父母应该给予及时的鼓励和赞赏，让孩子感受到分享的快乐以及来自父母的肯定与认可。

家教启示

犹太父母认为，如果一个孩子什么都不愿意与他人分享，独占意识很强，他是很难与他人形成良好的人际关系的，这对孩子今后的发展也是极为不利的。让孩子学会分享，首要任务就是让孩子体会到分享的"甜头"，让他在与他人的分享中获得快乐。久而久之，孩子就学会了主动与他人分享，也就养成了喜欢分享的良好行为习惯。

第03章

犹太人对孩子的处世教育：
妈妈要从小传授孩子生存的智慧

　　犹太人的生存智慧与他们经受的苦难分不开，经历了这些苦难的磨炼，他们懂得了很多生存之道和生存智慧。苦难虽然没有了，但是这些生存智慧，却被一代代传承下来。这些智慧让他们的人际关系变得更加和谐。在犹太人赚钱的过程中，这些智慧同样发挥了巨大的作用。

让孩子学会管理好自己的情绪

能控制好自己情绪的人，比能拿下一座城池的将军更伟大。

——犹太教子智慧

犹太人最忌讳让情绪左右自己，所以他们做生意的时候，会一直告诫自己远离情感，因为如果掺杂太多自己的情绪，就不能理智地分析问题。而有些人往往会感情用事，经常想干什么就干什么。情绪好的时候，什么都好说；情绪不好的时候，看谁都不顺眼，很容易作出错误的决定。犹太人在工作的时候，经常会将感情放在一边，即使遇到大灾大难，他们也不会大吵大闹，而是在最短的时间内作出正确的决策。因为犹太人认为既然事情已经发生，就没有必要抱怨，他们首先想到的是如何解决问题。这种雷厉风行、不被情绪左右的工作作风正是犹太人在漫长的经商生涯中形成的。

【讲给孩子的家教故事】

1809年1月，拿破仑从西班牙战事中抽身赶回巴黎，他的间谍已经证实他的外交大臣塔里兰正在密谋反对他。一抵达巴黎，他就立即召集所有大臣开会。拿破仑在会上坐立不安，经常含沙射影地指责塔里兰的密谋行为，但是塔里兰对于拿破仑的指责始终毫无反应。

拿破仑终于控制不住自己的情绪了，他突然逼近塔里兰，眼神冷冷地说："有些人希望我快点死掉。"塔里兰依然不动声色，只是满脸疑惑地看着拿破仑。拿破仑终于忍无可忍，大声对塔里兰嚷道："我赏赐给你无数的财富，你竟然如此害我，你这个忘恩负义的东西。"拿破仑说完就扬长而去，留下大臣们在原地面面相觑。这时塔里兰站起来面色冷静地说："真遗憾，各位绅士，如此伟大的人物今天竟然会这样没礼貌。"拿破仑的失态和塔里兰的冷静立刻像瘟疫一样传遍了整个法国，拿破仑作为君王的威信在人们的心中大大降低。此后，拿破仑的事业一直走下坡路，显然与这次的失态紧密相关。

想要成功就得学会控制自己的情绪，而不是被自己的情绪左右。在犹太人看来，将情绪带到工作中是一种非常愚蠢的行为，他们一般不会这样做，因为工作上的事情是和金钱直接挂钩的，如果处理不当，就有可能损失一大笔财富。精明的犹太人之所以在金融方面如此成功，与他们的这种习惯不无关系。他们情绪不好的时候，一般不会将情绪发泄在工作上，而是选择找个合适的场所尽情发泄。

犹太人认为，孩子的喜怒哀乐通常都是很真实的，这些情绪往往直接支配着他的行为。一件在父母看来很小的事情，经常可以引发孩子非常强烈的情绪波动。当一个成年人发脾气的时候，旁观者会知趣地走开，或者好言安慰，但是，当一个孩子发脾气的时候，他可能受到训斥，甚至会挨打。孩子童年时期所具有的情绪调节能力，是他们以后生活中能否成功、能否快乐的最好预示。所以孩子在成长过程中要学会管理自己的情绪，这对人生的成功至关重要。

父母可以在以下方面帮助孩子：

1. 让孩子认识情绪

父母可以让孩子认识情绪，这是管理自我情绪的第一步。知道自己现在是什么样的心情，才有可能发现原因、思考怎么样去处理。父母可以在孩子心情不好的时候，趁机引导孩子意识到"我生气了""我很担心"等，让孩子认识各种各样的情绪。

2. 让孩子感知情绪

在平时生活中，父母可以多和孩子聊天，适时问下孩子："你现在心情怎么样？""你喜不喜欢？""什么事情让你这样生气？"同时父母可以通过讲故事、编故事、角色扮演等游戏教给孩子梳理情绪的方法。

3. 引导孩子疏导不良情绪

犹太人认为，当孩子生气或闷闷不乐的时候，父母千万不能因此而生气或者训斥孩子，因为这样无法制止孩子的不良情绪，也无法让孩子学会疏导不良情绪。

犹太父母认为，父母可以让孩子说出自己生气难过的原因，这样做不但有助于情绪宣泄，同时还可以获得他人的理解和安慰。此外父母可以在孩子生气、难过的时候，引导孩子用语言表达愤怒。

假如孩子陷入某种负面情绪里，父母可以引导他想一些好事情，让他意识到原来事情没有这么糟糕。这样孩子能够学习用不同的角度和方向思考，进一步用自己的方式宣泄不良情绪。

家教启示

犹太人认为，情绪是很奇怪的东西，好情绪可以引导我们的人生走向辉煌，坏情绪可以让我们败走麦城。"情绪可以决定一个人的命运"这句话一点儿也不夸张。人无法改变天气，但是可以改变看待天气的心情；人无法控制别人，但是可以通过自己的好情绪，唤起对方的好情绪；人无法改变环境，但是可以改变看待环境的角度。同样一束玫瑰，乐观的人看到的是玫瑰靓丽的色彩、迷人的芳香，而悲观的人看到的只有玫瑰花下面的刺。被自己情绪所左右的人是不成熟的人，因为他不知道如何掌控自己的情绪。犹太父母在孩子很小的时候，就引导孩子管理好自己的情绪，他们会引导孩子积极地看待问题。

让孩子学会做热情好客的小主人

处处热心的人生，是事事满意的人生。

——犹太教子智慧

每个民族在待客方面都会有自己的风俗，犹太民族也不例外。犹太人非常好客，不仅是对自己的朋友或同事，他们对待陌生人也一样热情。事实上，犹太人的这种习俗是从很久以前传承下来的。亚伯拉罕是传说中殷勤好客的典范，他曾经在妻子的协助下，为伪装成流浪者的上帝的三位使者准备了丰盛的晚餐。后来，犹太人就以他为榜样，开始推崇好客的美德。尽管许多礼节并不是犹太人独创的，更多的是从希腊人和罗马人身上学来的，但是比起单纯的礼节本身，他们更重视的是背后的真诚。

犹太人还有一个习俗，就是给人洗脚。洗脚起先是一种规矩，后来才演化成了一种美德和礼貌。因为早期犹太人穿的一般都是草鞋，很容易沾上土，所以当客人进入主人家时，仆人一般都会为客人洗脚，除去脚上的尘土和污秽。

讲给孩子的家教故事

巴尤哈尼亚是一个糟糕的主人。有一次他决定举办一次宴会，招待罗马贵族，于是他向拉比以利则咨询。以利则告诉他："如果你打算邀请20个人，那就做好招待25个人的准备。如果你打算邀请25个人，那你就做足招待30个人的准备。"巴尤哈尼亚没有接受以利则的建议，他少准备了一道菜。结果，来了25个客人，可是他只准备了24道菜。他把一只金盘子放在没有菜的客人面前，客人非常愤怒地说："难道你要我吃盘子吗？"后来，巴尤哈尼亚对以利则说："我真不该不听你的劝告，你已经告诉我怎么做了，我却没有照你说的做，还觉得你说的是错的。"

在犹太人的传统里，受到殷勤招待的客人应该在盘子里留下一些食物，以表明主人的招待非常丰盛，超出了需要。如果客人把食物吃光了，就表示主人的招待不是很好。但是，当主人说："请不要剩下，为什么要把为客人准备的好东西留给狗吃呢？"此时客人应该顺从主人的意愿，将食物吃下去。如果主人不得不把食物拿去喂狗，客人就犯下浪费食物的罪。

犹太人热情好客，这与他们小时候所受到的家庭教育有直接关系。所以要从小引导孩子养成热情好客的品质。

假如孩子邀请小朋友到家里来玩,父母应该如何教孩子做个地道的主人呢?

1. 让孩子参与到规划聚会的讨论中

大多数父母在规划家庭的聚会时,很少会邀请孩子加入讨论,或者事先征询孩子的意见。所以,很多孩子都是在客人到达的当天,才从父母口中得知家里要来客人。在这种情形下,孩子不会对聚会有参与感,他会认为那是父母的聚会,与自己无关。他们根本不清楚自己可以在聚会中扮演什么样的角色,只能被动地听父母指示。

实际上,犹太人认为,父母可以在筹备家庭聚会时,就邀请孩子一起参与。适当考虑孩子的想法,然后分派适合孩子年龄的工作,比如,打电话邀请对方家庭的小朋友,协助父母打扫卫生,聚会当天负责招待其他小朋友等。由于是一家人辛勤的劳动成果,可以有效增进家庭成员之间的情感,而孩子在这个过程中也体会到了责任心。

2. 给孩子一些准备时间

在家庭聚会中,父母有时会要求孩子表演某种才艺,或要求孩子与做客的小朋友分享玩具,不过这些却事先没跟孩子商量,没让孩子做准备。当孩子害羞地唱歌,或生气地拒绝分享玩具的时候,父母还会责怪孩子,认为孩子不够大方,父母的这种做法实际上对孩子的心理造成了一定程度的伤害。

犹太人认为,父母需要尊重孩子,假如需要孩子表演才艺,那就应该事先征得孩子的同意,并给予孩子足够的准备时间。

3. 聚会后与孩子讨论细节

犹太人认为,礼貌是从试错的经验中慢慢形成的。孩子的认知能力是有限的,常常需要父母共同讨论并给予一定的回应,这样孩子才能将经验转化为学习。所以聚会结束后,全家人不妨坐下来一起讨论有哪些部分孩子表现得礼貌得体,有哪些部分还可以更精彩。父母需要尽可能细致地描述观察的行为,说出自己的理由和看法,提出可以改善的建议,让孩子对聚会礼节有一个清晰的理解，并以此内化到平时生活中。

> 家教启示

　　当然，父母希望孩子成为好客热情的小主人，父母自己也要做一个好客的主人，多向犹太人学习。犹太人这种好客精神还体现在对待旅途中陌生人的态度上。他们经常会在周末的时候大摆宴席，宴请自己的朋友、同事、亲戚，如果有陌生的路人进来一起吃饭，他们也是不会介意的。

告诉孩子宽容是一种美德

生意场上没有永恒的朋友，也没有永恒的敌人。

——犹太教子智慧

　　人们普遍认为多一个朋友比多一个敌人好得多，犹太人也同意这种观点。他们在商场上经常秉承这种观点：生意场上没有永恒的朋友，也没有永恒的敌人。《塔木德》也告诫人们，要以德报怨，化敌为友。可还是有些人经常以眼还眼，以牙还牙。在犹太人的《圣经》中，圣人们不提倡这种做法，他们认为最好的做法就是以德报怨，化敌为友。

　　犹太人这种化敌为友的品德与他们所经受的苦难分不开。战争时期，他们迫不得已移居到其他国家和地区。为了生存，他们必须和其他人和平相处，同时尽量和他们化敌为友，因为自己的敌人已经够多了，这时候，只有尽量减少敌人，多结交朋友才能艰难地生存下去。

　　懂得宽容待人、化敌为友的人才达到了为人处世的最高境界。原谅曾经伤害过自己的人，才是最好的待人之道。受到侮辱却不侮辱对方、听到诽谤却不反击对方的人是值得敬重的。这样的人是心胸宽广的人，具有"大家风范"，用中国一句古话来说就是"宰相肚里能撑船"。

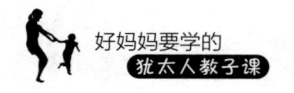

讲给孩子的家教故事

约瑟夫是雅各的第十一个儿子，由于他是最小的孩子，雅各非常疼爱他，他因此经常遭受兄长的嫉妒。有一天，兄弟们在外面玩耍的时候，约瑟夫被兄长卖到埃及为奴。但是后来，他凭借自己的智慧，成了埃及的宰相。

有一年，因为饥荒，雅各派约瑟夫的哥哥们去埃及寻找食物，约瑟夫见到了他的兄长。他抑制不住感情，在众多仆人的面前号啕大哭起来，大声地喝退仆人。之后，他开始向哥哥们诉说自己的思乡之苦，他急切地问道："父亲还好吗？"他的哥哥们被问得惊慌失措，甚至不知道该怎么回答，因为他们没有认出约瑟夫。约瑟夫让他们走近些，等他们认出眼前这个威风凛凛的人就是当年被他们卖到埃及的弟弟时，哥哥们都感到非常害怕。他们害怕弟弟会报复自己。

但是，约瑟夫并没有报复兄长，而是温和地说："现在请你们不要因为把我卖到这里而感到难过，那是上帝为了救我的命把我早些送过来。现在故乡发生饥荒已经两年了，接下来的五年时间还会颗粒无收。上帝把我早些送来，也是为了让你们继续存活，他以特殊的方式搭救了你们，所以是上帝将我送到这儿的，而不是你们。他让我成了法老的宰相，所有财产的主人，整个埃及的统治者。"

约瑟夫这种以德报怨的处世方式，正是千百年来犹太人杰出的生存智慧的体现。他们以自己的爱心真诚地对待每个人，不仅用真诚的心回报朋友，而且用爱心宽恕他人。这就是犹太民族的伟大和高尚之处。

犹太人认为，孩子在交往之中常常会遇到矛盾和冲突，父母应该告诉孩子学会原谅他人，这有利于克服孩子"自我中心"意识，知道"我"与"他人"的含义，有利于人际关系的和谐，在培养孩子的社会适应能力和合作精神的同时帮助孩子学会宽容、忍让，为别人着想，促进孩子良好性格的形成。

如何教会孩子原谅别人呢？犹太父母有妙招：

1. 创造机会让孩子多接触同龄人

犹太人认为，父母要创造机会让孩子多接触同龄人，使孩子们在交往中互相取长补短，提高人际交往能力以及社会适应能力，形成良好的性格。当孩子在交往中遇到冲突和矛盾的时候，父母可以给予适当安慰，同时帮助孩子分析发生矛盾和冲突的原因，找出自己或别人的错误之处，明辨是非，妥善处理。

2. 转移孩子对冲突结果的注意力

父母需要疏导、转移孩子对冲突结果的注意力，进一步反思事件的起因，检讨自己的过失并宽容伙伴的缺点和失误行为。同时，父母还要告诉孩子对朋友要以诚相待，学会原谅别人的错误或者过失，懂得宽容忍让，才利于增进彼此之间的友谊。必要的时候，让孩子体验一下不愿意原谅别人的坏处，因为总是斤斤计较、丝毫容不得别人犯错，其他孩子就会害怕或不喜欢与之做朋友。这样就让孩子明白了不懂得原谅别人，也得不到别人的原谅。此外，要教孩子原谅的标准，让孩子明辨是非，知道哪些行为应该原谅，哪些行为是不可以原谅的。但要注意原谅、忍让不等于没有原则，不是放弃批评与反抗。

3. 父母做好榜样

犹太人认为，父母需要做好孩子的榜样。在现实生活中，假如父母遇到了冲突或者矛盾，要懂得宽容待人，尽量不与他人发生争执，这样才能给孩子树立好榜样。

> **家教启示**
>
> 犹太人认为，父母从小就应该培养孩子拥有一颗宽容的心，因为懂得原谅他人是十分可贵的品质。所以在以后的生活和学习中要让孩子不断修炼，必要时父母要给予正确指导。

引导孩子学会赞美他人

唯有赞美别人的人，才是真正值得赞美的人。

——犹太教子智慧

犹太人认为，人都喜欢听赞扬自己的话。但是，赞扬别人是一种学问，有些时候需要把握好分寸。会赞扬别人的人，会使对方心花怒放；不会赞扬别人的人，不仅得不到别人的好感，结果还会适得其反。真心赞扬别人其实就是欣赏别人的优点，这种能经常发现别人优点的人自己也会是积极乐观的人。但有些人认为赞扬别人就是说一些奉承话，其实这是一个误区。有些奉承话的确让人听了很舒服，这种奉承就被认为是恰当的表扬；有些奉承话让人一听就觉得是假话，这就是我们常说的"拍马屁没拍好却拍到马蹄子上了"。犹太人提倡的是发自内心的赞美。会赞扬别人的人，才能在工作中和人融洽相处，从而获得好人缘。

讲给孩子的家教故事

犹太人巴米娜·邓安负责监督一名清洁工的工作，这名清洁工的工作做得不好，很多员工经常嘲笑他，还故意把各种垃圾扔到走廊里。这名清洁工的压力非常大，他实在没有信心做好工作了。巴米娜想了很多办法提高他的工作质量，但是效果并不好。

有些时候，巴米娜发现其实这名清洁工也能把某些地方打扫得很干净，于是就对他大加赞扬，这名清洁工就会很高兴，从而更有动力将其他的地方打扫干净。渐渐地，人们开始关注起这名清洁工来，对他的态度也变好了，这名清洁工也将工作做得更好了。巴米娜发现这个方法很奏效，于是就用同样的方法赞扬和鼓励他人，结果效果同样很好，同事们和巴米娜的关系也越来越好。

巴米娜总结道：批评和责骂不仅不会将问题解决，反而还会导致更多的问题出现，只能让人们之间的关系越来越差。只有赞扬和鼓励能和谐圆满地将问题解决。

犹太人在赞扬别人的时候，经常会注意一些细节。

首先，赞扬一定要真诚，这是极为关键的，缺乏真诚的赞扬往往会让人觉得敷衍，觉得这只是单纯地恭维对方，不仅不会收到好效果，反而会惹人生厌。

其次，要赞扬行为本身，不要直接赞美本人，这样可以避免使人尴尬、产生误会等弊端。比如，与其说"嘿，汤姆，你这个人太棒了"不如说"汤姆，这次你提的建议真的很棒，对公司的未来有很好的定位"，因为前者会让人感觉如坠云雾，甚至被赞扬者都不知道到底发生了什么事情。

再次，赞扬要具体实在，不宜过分夸张，比如，"珍妮，你太漂亮了"这句话可能不如"珍妮，这件衣服实在是太适合你了"效果好，因为后者更具体，也会让人更容易接受。

最后，赞扬一定要及时，不要时隔很久才想起来相关事情，试想过期的赞扬又有几分可信度呢？

当然，犹太人也注重将"赞美他人"纳入家庭教育中：

1. 向孩子坦诚地说出自己的优缺点

父母要在孩子面前尽可能坦诚地说出自己的优点和缺点，然后告诉孩子在自己的周围有谁比自己更擅长什么，而自己每次都会向他请教。同时，父母可以让孩子监督自己，时间长了，孩子就会用相同的方法对待别人和自己的优缺点。

2. 潜移默化的赏识教育

在生活中，父母要常常赞美孩子，赞美周围的人，在潜移默化中孩子也就学会了真诚地赞美别人。当听到孩子抱怨别人时，父母要引导孩子换个角度想一想：这个人是否出于无奈，或者是一时不小心？帮助孩子找一个可以原谅别人的理由，这样有利于开阔孩子的胸怀。

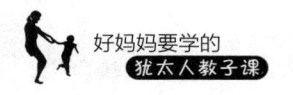

> 家教启示

每个人都渴望被理解和赞同。《羊皮卷》中有这样一句话：如果你认同一个人，就将他的优点大声地说出来。这样既能让他有个好心情，还能让你们的人际关系变得更好。

告诉孩子尊重是人际交往的前提

礼貌是儿童与青年应该特别注意养成习惯的一件大事。

——犹太教子智慧

犹太人认为，尊重他人的力量非常强大。人与人之间最重要的就是尊重，人与人都是平等的，没有高低贵贱之分。犹太人认为耻笑他人是不对的，只有尊重别人的人才会得到别人的尊重。金钱可以买到任何物质上的东西，却买不到尊重。耻笑别人的人，是缺乏文化修养的人，这种人不会得到别人的欣赏，并且无论他在工作方面多优秀，他的人格都是不完整的。

> 讲给孩子的家教故事

一个犹太人在日本生活了多年。当他开始创业时，他找到一家有名的商场A并委托对方卖他的钻石，但是A商场的人认为这根本就是天方夜谭，因为现在是年关，正是人们需要钱的时候，谁有闲钱买钻石呢？他们都用嘲笑的表情看着他。

但是这个犹太人没有退却，他最终在B商场的一角租下了卖钻石的柜台。虽然这里的位置比较偏，商场提出的条件也很苛刻，但是这个犹太人还是接受了。他马上和纽约的钻石商联系，以适合的价格购进了钻石，展开岁末大促销。

周围的人都嘲笑他，但是犹太人并没有因此而丧失信心。事实果然不出犹太人所料，钻石的销量很好，甚至创造了日销售额3000万日元的纪录。顺应这一形势，他在其他的地方也展开了销售，均创下了极高的销售额。看见钻石的销量如此好，A商场的人不禁为自己曾经的判断失误后悔，于是又重新邀请这个犹太人去A商场卖钻石了。

有些人经常无知地嘲笑别人，看见别人难以理解的行为就口无遮拦地冷嘲热讽，他们只是用自己的观点去看待某件事，以自己短浅的目光看待具有远大前途的新生事物，历史上这样的事例数不胜数。当蒸汽机船、火车等交通工具问世的时候，人们都选择对它们大加嘲笑。然而在事实面前，这些人不得不低头承认自己的目光短浅。

犹太人认为，即使开朗、自信和强势的性格对孩子日后在社会上自立自强有很大的益处，但让孩子学会尊重他人，才是孩子未来立足的关键。因为只有尊重别人，才有可能正视别人的意见，才有可能接受别人的建议。现代社会，独生子女往往以自我为中心，不懂得尊重他人，自己想说什么就说什么，想做什么就做什么，所以，对于父母而言，教育孩子尊重他人十分迫切且重要。

1. 引导孩子从细节上尊重别人

父母需要引导孩子在生活细节上尊重别人。比如要告诉他们，头发很脏了还不洗，站着和别人说话的时候总是不停地跺脚，与长辈谈话的时候总跷着二郎腿，这些都是不尊重他人的行为。

2. 要求孩子说话表现尊重的意味

有的父母认为自我表达是一种健康的行为，便会允许孩子通过吵闹的方式来发泄自己的情绪。犹太人认为，这并不是一个好主意。大部分孩子在用语言顶撞了父母之后，会感到内疚或害怕，因为他意识到自己伤害了爱自己的人。但假如父母对孩子的行为无动于衷，渐渐地，孩子就养成了一种习惯，他不再去关心自己的行为是否给其他人带来了伤害。

3. 父母需要表达自己的希望

犹太人认为，父母需要向孩子表达"尊重他人"的希望。从孩子两岁半开始，父母可以反复地表明自己的期待，比如对孩子说"我不赞成你拳打脚踢""我不喜欢你用语言伤害别人""我们应该为说过的伤人的话表示抱歉"。在孩子还很小的时候，父母要明确地给他灌输一些基本的价值观念，这有利于为他童年的健康发展奠定坚实的基础。但是有的父母会起到反向的榜样作用，比如，他们会对孩子抱怨孩子的老师，这样孩子便会对他们的老师做出类似的议论。尽管我们所接触到的人并不都是正直的、和蔼的、值得尊重的，但是，当父母当着孩子的面去议论别人的时候，给孩子传递的信息就是"不尊重别人是可以的"，这是一种错误的教育方式。

4. 尊重孩子的权利

犹太人认为，父母应该尊重孩子的权利。比如，孩子平时读什么书、唱什么歌、课余时间如何安排，父母可以给予孩子建议，不过绝不可以把自己的喜好强加到孩子身上。同样地，父母要告诉孩子在学校不能影响其他同学学习和活动，否则就是不尊重别人权利的表现。

家教启示

犹太人认为，任何一个有文化有修养的人都不应该耻笑别人，耻笑别人不仅是一种没有文化修养的表现，还会使自己的人际关系变得很差，尤其是在交际场上，人们都不喜欢和耻笑他人的人合作。犹太父母会在孩子很小的时候就告诫孩子，不要耻笑别人。

第04章

犹太人对孩子契约精神的教育：
妈妈要告诉孩子必须守信重诺

犹太民族在各个领域的优秀表现都是为世人所承认的，特别是在商业上遵循的契约精神。犹太人会把合同细则制定得清清楚楚，以便明晰双方的责任和义务，避免一些不必要的争执纠纷。当然，犹太人还会把这一契约精神传授给孩子，并告诉孩子：守信重诺是做人的重要原则。

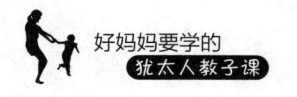

让孩子学会遵守与他人的约定

遵守契约，尊重契约，你获得的将不只是尊重。

——犹太教子智慧

犹太教享有"契约的宗教"的美誉，而《塔木德》被当作"上帝与犹太人的约定"。《塔木德》中曾记载："人之所以存在，是因为与上帝签订了存在的契约。"早在远古神话时代，犹太人就已经是重视契约的理性主义者了。在犹太人的信仰中，违反契约必遭上帝的严厉惩罚。反之，上帝则会给你幸福的保证。犹太人从小就接受《塔木德》的教诲，他们了解遵守契约的重要性，所以全世界的人都知道跟犹太人签约是可以得到执行保证的。犹太人努力恪守自己的契约，有时甚至为了遵守契约而不惜让自己吃亏。

讲给孩子的家教故事

美孚石油公司向餐具经营商犹太人乔费尔订购了3万套餐刀和叉子，当时定下的交货日期是9月1日，地点在芝加哥。乔费尔丝毫不敢怠慢，马上请厂商将货物赶制出来。没想到的是麻烦出现了，厂商始终磨磨蹭蹭，一直不能按时交货。乔费尔对厂商非常生气，不过事情已经这样了，他也没什么办法，只希望厂商能够交货快一些。

乔费尔多次打电话催问，不过对方总是毫不在意地说："就算是迟点儿，你也总不至于这么上火吧。"乔费尔是犹太人，信奉契约精神，所以只好咬牙，心想：让刀叉坐飞机吧！于是，5小时之内3万套刀叉被装上了飞机，9月1日，这架飞机载着刀叉准时到达了交货地点芝加哥。当然，乔费尔付出了惨重的代价：

额外支出了6万美元去运送不过3万套刀叉。而美孚石油公司的人只是说了一句："按期交货，很好！"对于那笔昂贵的飞机租金，他们一句话也没说。

或许，有人认为乔费尔吃了大亏。但是，自从这次以后，商界都知道了这个做生意注重约定的犹太人，全世界的很多商人都来和乔费尔做生意，于是大量的订单如雪片般飞到了乔费尔的手中。尽管当年的那点儿小损失让乔费尔心疼不已，但现在他却觉得应该好好感谢那次意外给自己带来了这么大的利润。

犹太人认为，即便吃亏也要遵守契约，而他们也是这样教育孩子的。约定的本质是信任与被信任，能够遵守约定反映的是人的诚信品质。孩子从小就知道遵守约定的重要性并身体力行，这对他们的一生都是非常有益的。而父母需要做的就是帮助孩子学习遵守约定、信守承诺：

1. 制订一些简单的规矩

犹太人认为，父母制订的规矩应该简单易懂，让孩子容易遵守。父母需要避免一下子制订太多且复杂的规矩，更不要制订孩子不容易遵守的规矩，否则将没有任何意义。因为那些简单易行的规矩会让孩子认为遵守规矩是一件高兴的事情，从而增强他们的自信心。

2. 适当的约定时机

犹太人认为，约定的时机一定要在行动之前，不要在出现问题之后才来谈约定。比如，父母出门前就和孩子说好"我同意带你去超市，不过这次不买玩具"或"这次只买一个玩具"，孩子答应之后再行动。

3. 父母需要以身作则

犹太人认为，父母想要孩子学会遵守约定，自己的榜样作用是不容忽视的。有的父母不能以身作则，和孩子约定的是一套，自己做的又是另外一套。当孩子不遵守约定，而此时家庭内部又出现分歧，孩子会觉得自己有了靠山，有了袒护自己的人，他们就更肆无忌惮了。此外，这样还会影响孩子正确价值观的形成，他们不知道怎样做才是正确的。

当孩子违约之后，父母经常会因为受不了孩子的哀求而选择对孩子妥协，这以后孩子只会变本加厉地违背约定。还有一些父母会选择威胁，比如"你说话不算数，妈妈不要你了"，这样做效果也不佳，与其这样说，还不如冷落孩子，反而会让孩子有所反省。

还有一些父母习惯性的做法是哄孩子，时间长了，孩子会觉得"反正我只要一哭闹，他们就会过来哄我，这招最管用了"。结果，不遵守约定、哭闹、耍赖就成了孩子们的家常便饭，再想纠正就很困难了。此外，如果父母没办法兑现承诺，需要向孩子说明原因，否则就会让孩子对父母产生误解。

4. 约定一旦开始，就不要放弃

犹太人认为，与孩子的约定一旦开始，就不要轻易放弃。不要对孩子的反抗手足无措，更不要轻易放弃、妥协，给孩子开绿灯。坚守约定能给孩子安全感，而摇摆不定则会让孩子感到无所适从。因此，父母首先要遵守约定，一旦开始，就不能中断，即便确实难以完成，父母也要和孩子一起想办法，努力去解决问题。

5. 让孩子尝试承担后果

犹太人认为，在违反约定的时候"品尝"后果对于帮助孩子建立行为准则是非常重要的。让孩子知道，假如自己不遵守规则，就会承担一定的后果，比如受到惩罚。所以，父母在给孩子建立规则时，一定要让孩子学会承担自己的行为后果。

家教启示

犹太人是极少毁约的，甚至在和有毁约习惯的民族做生意的时候，他们也很少毁约。当然，对方即便尽力履行约定，他们也不会特别称赞，因为在犹太人看来履约本身是一件理所当然的事情。这种观念他们一直教育给孩子，让孩子从小就学着做一个遵守约定的人。

培养遵守承诺的好孩子

失去了诚信，就等同于敌人毁灭了自己。

——犹太教子智慧

犹太人信奉上帝，他们把自己称为"上帝的选民"。他们认为人之所以存在就是因为和上帝签订了契约，所以犹太人又称"契约之民"。在犹太人的信仰之中，违反契约必定会受到上帝的惩罚，而信守契约，就会得到上帝的垂青，从而取得成功。犹太人从小就受《塔木德》的教育，他们深切了解恪守契约的重要性，所以只要签订契约，他们就会坚持将其执行下去，哪怕契约可能对他们不利。很多商人愿意和犹太人打交道，就是缘于这些。

讲给孩子的家教故事

很早以前，一个犹太家庭里有一位漂亮的姑娘待字闺中。一天，她与家人一起出去游玩，走了一段路，她感到口渴，于是就一个人去找水喝。她看见了一口井，就想舀些水喝，但是仅凭她的力气要想吊上来一桶水根本不可能。她左思右想，看看四处无人，就顺着绳子下到井里去喝水。没想到喝完水以后，她发现井壁太滑，根本爬不上来。想到此刻父母找不到她肯定很担心，她又着急又害怕，于是哭了起来。

说来也巧，一个年轻的小伙子在此路过，他听见姑娘的哭声，就赶紧一探究竟，姑娘因此得救了。小伙子被姑娘的美貌迷住了，同时姑娘也被小伙子乐于助人的精神所感动，两个人互相表达了爱慕之情。不久，小伙子要出远门，二人依依惜别。临别前，两个人发下山盟海誓，约定等小伙子一回来，两个人就立即结婚。订婚是要有证婚人的，但是当时在场的只有他们两个人，正好在这个时候来了一只黄鼠狼，而且旁边还有一口井，于是黄鼠狼和井就成了他们的证婚人。

小伙子离开家乡后，一开始还将姑娘放在心上，但是时间一久，他就忘记了他们之间的约定。可是姑娘没有忘记，还在家里傻傻地等着小伙子归来。慢慢地小伙子将姑娘忘得一干二净，和另外一个女子成了婚，过上了幸福的生活。后来小伙子和他的妻子先后生了两个儿子，但是两个儿子都遭遇了不幸。第一个儿子在草地上玩的时候，被一只黄鼠狼咬死了；第二个孩子到井边玩的时候，一不小心掉进井里淹死了。小伙子这时醒悟了，他想起了自己和姑娘曾经的约定，于是向妻子坦白了一切，与妻子解除了婚姻关系，匆匆赶回家乡，去见自己曾经的恋人。在姑娘的家里，姑娘一直等待心上人的出现。小伙子向姑娘表达了深深的忏悔，两个人在姑娘的家里举行了婚礼。

犹太人看重道德、人的良心、对恋人的不离不弃，尤其强调对契约的遵守。人要信守与上帝的约定，更要信守与他人的约定。假如自己的确因为某些原因做不到，就应该向对方坦白，并请求对方的原谅。对于违约的行为犹太人深恶痛绝，他们会追究对方的一切责任，而且毫不客气地要求其赔偿经济损失。而不履行契约的犹太商人，会被认为违背了上帝的旨意，这样的人会遭到大家的唾骂，会被逐出商界。守诺并不只是犹太人在商业上所遵循的原则，他们在生活中同样遵守诺言。

犹太人认为，父母与子女之间的互相承诺也像大人间的交往一样值得被认真对待，这不但是与孩子交流的一种合理形式，同时也是培养孩子健康人格的一种教育手段。当孩子意识到自己答应别人的事情就一定要做到时，他便具备了责任感，从而主动去履行责任，养成良好的道德习惯。

那么犹太父母是如何向孩子许诺的呢？

1. 对孩子要言而有信

犹太人认为，父母要尊重孩子，不要以为孩子年龄小、不懂事就对孩子说过的话不重视，不管是否兑现都不在意。因为在孩子的眼里，守信用也是很重要的。孩子有时候会抱怨父母说话不算数，只是因为他们希望自己的愿望得到满足。

2. 注重许诺的次数

犹太父母认为,年龄小的孩子控制能力比较差,许诺可以适当多些,但是随着孩子年龄的增长,有较好的自控能力后,许诺的次数可以慢慢减少。

3. 避免胡乱许诺

犹太人认为,父母的许诺必须利于孩子的健康成长,起到正面教育的作用。因此,父母不要在孩子面前胡乱许诺,因为许诺太多而又不能兑现,会让父母在孩子心目中的地位大大下降。假如孩子提出一些无理要求,父母要有自己的原则和底线,把握一个"度",清楚地告诉孩子是否可以。这样会让孩子慢慢懂得在生活中有"可以""不许""应该"这些概念,只有父母是非分明,才能促进孩子的心理健康。

4. 许诺注重精神活动

犹太人认为,许诺包括物质许诺和精神许诺,适度的物质许诺是可行的,但不能过度,否则只会滋长孩子虚荣、自私等不良习性。父母可以尽可能地许诺孩子精神活动,比如许诺给孩子买书,带孩子去看画展、旅游等,这样不但可以调动孩子做事的积极性,还可以丰富孩子的精神世界,开阔孩子的视野。

5. 当诺言不能兑现时及时回应

父母由于工作等原因影响了诺言的兑现,孩子感到失望、委屈时,父母不可以强迫孩子接受许诺不能兑现的结果。父母应该主动而诚恳地向孩子道歉,然后将不能兑现的原因告诉孩子,获得孩子的理解和原谅,并在以后寻找合适的机会兑现自己曾经许下的诺言。即便孩子短时间没办法谅解,父母也不要用呵斥、教训的方式对待孩子,应允许孩子发牢骚、宣泄不满的情绪。犹太父母认为,当违背自己许下的诺言时,向孩子说一声"对不起",可以帮助孩子建立自尊,同时可以培养孩子尊重人的习惯。

> 家教启示

犹太人认为,父母对孩子必须言而有信,以诚相待。这样孩子才会对父母产生充分的信任感，也会把自己的心里话告诉父母。父母是孩子的镜子，是孩子模仿的对象，只有那些言而有信的父母才可以在孩子心中树立威信，才能避免孩子说谎。

诚实守信的好习惯必须从小培养

　　鱼离开水就会死亡，人没有礼仪便无法生存，而不讲诚信则会受炼狱的惩罚。

——犹太教子智慧

　　《塔木德》这样告诫人们：一个人死后进入天国前，上帝会先问此人生前做买卖时是否诚实无欺。如果有过欺诈，将被打入地狱。虽然各民族都有"经商应童叟无欺"的说法，不过只有犹太族是最严格执行这种交易原则的民族。犹太人认为，唯有诚实正直的经商之道才是生存处世的最高法则。在以色列国家，父母也总是告诉孩子：不撒谎，做一个诚实守信的好孩子。

　　犹太人认为，孩子是否诚信，父母起着关键的作用。假如孩子经常做出不履行诺言、言行不一的行为，父母就要从孩子的认知发展上找原因。父母不要认为这是一种道德败坏，也不要因此而打骂孩子。假如父母在孩子很小的时候就注重对他进行诚信教育，那么孩子长大后肯定是一个讲诚信的人。

讲给孩子的家教故事

　　吉姆16岁那年，父亲让他去商店买一些修栅栏用的木材和铁丝，以便修整一下农场。如果是平时，吉姆肯定会非常高兴的，因为他很喜欢开父亲的小货车。但是，这一次吉姆却怎么也提不起兴趣，理由是父亲让他去商店买东西，却没有给他钱。父亲只是说："吉姆，你去给我买一些木材和铁丝，戴维斯叔叔知道我的，你告诉他我的名字就行了。"

　　处于青春期的吉姆心高气傲，他想要得到的是别人的尊重而不是别人的怜悯。吉姆曾经见过自己的同学去商店赊账的情景，平日趾高气扬的同学一副卑躬屈膝的样子，而店主还不可一世地问他是否有能力还钱。吉姆心里很清楚，他只要一进商店，那些售货员看他的眼神就会像盯贼一样。吉姆知道自己的父亲是一个老实人，很讲诚信，欠了别人的东西一定会还上，不过，别人会相信自己吗？

吉姆走进百货商店，店主叫戴维斯，他是一个饱经沧桑的男人。吉姆看到店主站在出纳机的后面正跟一位中年人谈话，他看了眼店主就径直走向了自己所需要的东西的地方，吉姆用了很长时间才把自己要买的东西拿到了出纳机前，他看上去十分胆怯，对店主说："对不起，戴维斯叔叔，这次恐怕我要赊账了。"这时，那个正在跟店主聊天的中年人看了吉姆一眼，一副鄙夷的神情，但是，店主并没有表露出厌恶之感，反而十分和蔼地说："行，没问题，我知道你父亲是一个很守信用的人。"随后，店主对那个中年人介绍说："他的父亲是詹姆斯，是一个很讲诚信的人。"于是那个中年人转变了态度，油然生出尊敬之意。

犹太父母认为，要想让孩子养成诚信的好习惯，就要从小开始培养并坚持不懈。父母在孩子还小的时候就要把诚信灌输到他的思想中，并以此来要求孩子。父母可以告诉孩子诚信如何重要，或者给孩子看一些有关诚信的书籍，多给孩子讲一些伟人诚信正直的故事，这样才有利于孩子诚信习惯的养成。

孩子喜欢撒谎，这是大部分父母在教育孩子的过程中经常遇到的问题，面对孩子撒谎，父母大多束手无策。父母常常苦于无法改变孩子撒谎的习惯，又担心孩子撒谎是因为品格出了问题。其实，不同年龄孩子撒谎的性质是不一样的，父母不要一概而论。

孩子为什么会撒谎呢？

1. 年龄较小的孩子

年龄较小的孩子对一些概念模糊不清，常常会出现混淆的现象，这时父母不要给孩子过早地下结论、贴标签。这时候的孩子还不能理解父母的指令，没有辨别是非的能力。因此，孩子看到一些事物时会按照自己的理解作出判断，用自己的语言模式表达出来。

2. 年龄稍大的孩子

对于年龄稍大的孩子来说撒谎是一种自我保护的方式。父母不要把孩子看作无所不能的天才，当他们有压力的时候，父母可以多说一些话和多做一些事情来减少他们的压力，这样可以有效避免孩子撒谎。

3. 青春期的孩子

青春期的孩子撒谎是为了表达自己的主见和观点。在这个时期假如父母能给孩子自由的空间，让孩子有表达想法的机会，尊重孩子提出的合理要求，孩子是没有必要再去撒谎的。

那么父母如何培养孩子诚实的习惯呢？

1. 言行一致

犹太人认为，父母应该以身作则，言行一致。孩子喜欢撒谎大多与父母平时说话不算数、对孩子的承诺不能兑现有很大的关系。因此，父母要想孩子诚实守信不撒谎，自己首先要言行一致，为孩子树立榜样，做好表率。

2. 尊重孩子

犹太父母认为，孩子的成长是一个过程，在这个过程中会遇到很多意料之外的问题，当问题出现以后，父母需要尊重孩子成长的客观规律，不要把自己的主观判断强加给孩子，多听孩子的心声，尊重孩子在成长过程中出现的失误和不足。

3. 让孩子从小事做起

俗话说："不以善小而不为，不以恶小而为之。"父母需要引导孩子从小事做起，培养孩子辨别是非的能力，让孩子参与家庭中力所能及的事情，多给孩子锻炼的机会，让孩子在做事情的过程中提高辨别是非的能力。

4. 了解孩子

犹太父母认为，父母需要做到了解孩子、信任孩子，观其行而知其心。在平时生活中，父母要多和孩子共同探讨和交流，只有这样才能够了解孩子的真实想法，继而做到无条件地信任孩子。

5. 及时引导

当父母发现孩子有撒谎的行为时，不要急于下结论，也不要强迫孩子坦白、承认。父母应该积极引导，动之以情、晓之以理，让孩子认识到撒谎是一个坏习惯。

> 家教启示

犹太父母认为，教育自己的子女之前，要首先检查一下自己的行为，因为父母的言谈举止会对孩子产生深远的影响。

成长期的孩子需要一些规矩的约束

不讲规则，不懂得守时是要付出代价的。

——犹太教子智慧

没有规矩，不成方圆。父母在家里应该以权威的话语给孩子立下规矩。当然，孩子的成长是随意自然的，当父母给孩子设限的时候，需要注意避免压抑孩子的随意自然。犹太人在教育孩子方面，提供了一套基本的标准，简单地说，是以尊敬为底线，这套标准适用于不同年龄阶段的孩子。犹太民族的律法要求成年人为年长的父母提供饮食、衣物、住处和照料，也就是说，切勿忽略或者遗弃父母。而当孩子还小的时候，犹太律法指出他们应当：始终和颜悦色地和父母说话；别在他人面前顶撞父母；尊重父母和别人的隐私；不占用父母的餐桌位子；尊重继父继母。

> 讲给孩子的家教故事

周亚夫是汉朝功勋卓著的将军，以英勇善战、严守规矩著称。有一次，汉文帝亲自犒劳军队，先到达驻扎在霸上和棘门的军营。文帝一行直接骑马进入营寨，将军和他们的部下都骑马前来迎接。

然后文帝到达了细柳的军营，那里驻扎着周亚夫的军队。这时只见细柳营的将士们都身披铠甲，手执锋利的武器、张满的弓弩。文帝的先驱部队到了想直接进去，营门口的卫兵不让，先驱说："天子马上就要到了！"把守营门的军门都尉说："将军有令，'军队里只听将军的号令，不听其他的指令'。"

过了一会儿，文帝也到了，依然不能进入军营。于是文帝便派使者持符节昭告将军："我想进入军营慰劳军队。"周亚夫这才传达命令说："打开军营大门。"守卫军营大门的军官对文帝一行驾车骑马的人说："将军有规定，在军营内不许策马奔驰。"于是文帝等人就拉着马缓缓前行。

一进军营，周亚夫手执兵器对文帝拱手作揖说道："穿着盔甲的武士不能够下拜，请允许我以军礼参见陛下。"文帝被他感动，表情变得庄重，手扶车前的横木，称谢说："朕敬老将军。"直到完成仪式才离去。

出了营门，群臣都感到十分惊讶，文帝说："唉，这才是真正的将军，前面所经过的霸上和棘门的军队，就好像是儿戏一般，敌军很容易用偷袭的办法将他们俘虏。至于周亚夫，谁能够冒犯他呢？"文帝就这样不停地称赞周亚夫，并传令重赏。

俗话说，没有规矩，不成方圆。对军队里的士兵是这样，对孩子们来说也是这样。或许，许多中国父母认为给孩子定那么多的规矩，孩子肯定难以做到。其实，只要父母抱着充分的决心，帮助孩子克服最初的惊讶和抗拒，就真的可以教导孩子改善行为，让他们更懂得尊敬父母。

著名的教育学家蒙台梭利曾说："父母的规矩应该尽量少立，但立了，就一定要遵守。"父母要让孩子自由成长，不过自由的底线是规矩，没有规矩，不成方圆。或许，父母会说：孩子还那么小，孩子总是不愿意，又能怎么办呢？事实上，孩子会不会守规矩，能不能守规矩，父母起着决定性作用。

犹太人认为，父母的这些做法不可取：

1. 父母坚守不住自己的立场

父母经常会抱怨孩子不听话，实际上却是父母自己坚守不住立场。这样的现象是随处可见的，有时候父母请孩子收玩具，假如孩子不听话，父母发了牢骚之后就自己收拾了。有时候明明跟孩子说好在小朋友家里只玩半个小时，结果孩子一哭闹，父母多半会妥协，允许孩子再多玩一小时。既然父母从来都是说话不算数，孩子当然会对父母的话充耳不闻了。

对于父母这种错误的做法，犹太人认为父母需要让孩子明白，说出来的话一定要坚持做到。以吃饭为例，让孩子明白吃饭是一件自己的事情，一日三餐需要定点定量，假如孩子一顿不吃，就必须等到下一顿，千万不要稍后用许多零食来充饥。

2. 父母控制不了自己的情绪

我们经常会听到父母指责孩子"你怎么就不能安静听一会儿故事呢？""像你这样，长大肯定不会好好学习""你这孩子就是坏脾气。"甚至有的父母只会动手打孩子，什么话都没有。其实父母这样做只是发泄了自己的情绪，孩子则会感到十分委屈，根本不知道父母为什么生气。

对于父母这种行为，犹太人认为父母应该有的放矢，就事论事。对于孩子不听话的行为，父母应该就事论事，心平气和地制止孩子的胡闹。父母越平静，教育效果越好，让孩子服从的应该是父母讲的道理，而不是说话声音的大小。还是以吃饭为例，吃饭应该是一件快乐的事情，最忌讳的是孩子不吃，父母却逼着孩子吃。但假如孩子接连几顿都不好好吃，并且表示没有胃口，父母就需要带孩子去看医生。

3. 对孩子纵容过度

有时候，孩子喜欢吃糖果，尽管父母觉得应该适当控制，但孩子一闹，就一块一块不断地给。孩子喜欢看动画片，父母就一次次纵容，总是延长时间，直到看完为止。实际上，很多时候不是孩子不遵守规定，而是父母心太软，不肯给孩子定规矩。

犹太人则认为，规矩是必须遵守的。假如孩子不遵守约定，可以发出一次警告。假如孩子还是不听，父母就应该果断地关掉电源，这样做或许有些粗暴，但却是父母说到做到的最好证明。对于孩子来说，越是他们喜欢的东西，就越要有所节制，父母从小教会孩子自我控制，孩子长大才能管住自己，成为一个对自己行为负责的人。

4. 粗暴地处理问题

经常会听到父母发出这样的抱怨：不就扔了孩子的一个小脏瓶子吗，他至于哭成这样吗？或者父母会说：这玩具不好玩，妈妈给你买另一个。结果孩子还是不乐意，大人又开始抱怨了。犹太父母认为，实际上，孩子们有自己的想法和思维方式，父母应该多从孩子的角度考虑问题，这样才能真正地理解孩子的想法。

[家教启示]

犹太父母认为，感受是伴随行为产生的，与其坐等孩子变得听话，不如从行为入手培养孩子们遵守规矩。例如，假如父母每天都跟孩子们一起使用文明措辞，感谢和尊重的品德就会从孩子的行为中慢慢体现出来。而且，除了良好的态度，恰当措辞和举止也会让孩子更能意识到自己的幸运、责任和别人的辛劳，所以要求孩子们学会说这些话对于教会他们守规矩是一个不错的起点。

让孩子明白诚实是立世之根本

诚实是力量的一种象征，它彰显着一个人高度的自觉和内心的安全感与尊严感。

——犹太教子智慧

犹太人认为契约是和上帝的约定，由于犹太人普遍重信守约，所以他们在做生意的时候，经常连合同都不签。对于他们来说，口头的承诺也有约束力，因为神能听见。在商界，犹太人的重信守约是有口皆碑的。遵守契约是生意能够赚钱的保障。犹太人就是在契约的保障下发财致富的。犹太父母在孩子很小时就对他们进行诚信教育，让诚信伴随孩子健康成长。当然，培养孩子诚信的品质，要求父母有长期坚持的耐心，有与时俱进的细心。要从小就要求孩子说真话，做错事要勇于承认错误并及时改正，不拿别人的东西，言必信、行必果。

讲给孩子的家教故事

一天深夜，一位有钱的绅士走在回家的路上，被一个蓬头垢面、衣衫褴褛的小男孩拦住了，小男孩乞求道："先生，请您买一包火柴吧。"绅士回答说："我不买。"说着，绅士躲开小男孩继续走。小男孩追上来说："先生，请您买一包吧，我今天还什么东西也没有吃呢。"绅士见躲不开小男孩，便说："可是我没有零钱啊。"小男孩说："先生，你先拿上火柴，我去给你换零钱。"说完，小男孩拿着绅士给的一英镑飞快地离开了，绅士等了很久，小男孩依然不见踪影，绅士无奈地回家了。

第二天，绅士正在自己的办公室工作，这时秘书说来了一个男孩要求见绅士。于是，男孩被叫了进来。这个男孩比那个卖火柴的小男孩矮了一些，穿着更破烂，小男孩说："先生，对不起，我的哥哥让我给您把零钱送来。"绅士问道："你的哥哥呢？"小男孩回答说："我的哥哥在换完零钱回来找你的路上被马车撞成重伤了，此时正在家躺着呢。"听完小男孩的话，绅士被他们的诚信感动了。绅士说："走，我们去看看你的哥哥。"

家里有两个男孩，继母在照顾受重伤的哥哥。一见绅士，哥哥连忙说："对不起，我没有给您按时把零钱送回去，失信了！"绅士却被男孩的诚信深深打动了。当绅士了解到两个男孩的亲生父母都已经过世时，毅然决定把他们今后的一切都承担起来。

犹太人认为，培养诚信品格，是一笔最好的投资。具有诚信品质的人，注定是人生的大赢家。父母应该记住，只有当他们自己的行为正直而高尚的时候，他们所坚持的道德观念才能深入孩子的心灵，并影响孩子的思想和感情。

诚信既是一种品格，也是一种素质和能力。那么怎样培养孩子的诚信品质呢？犹太父母是这样做的：

1. 为孩子树立好榜样

犹太人认为，父母要想孩子有责任心、以诚待人，自己就要以身作则，做诚实的表率，所谓身教重于言教，父母需要用实际行动对孩子说无声的语言，做有形的榜样。为了培养孩子诚信的品质，父母对待孩子一定要诚信，不能言而无信。假如父母言而无信，孩子就会对父母产生不信任感，并认为说的话可以不算数，慢慢地，孩子也会这样做。

2. 营造诚信的家庭氛围

犹太人认为，父母要做有心人，为孩子创造愉悦的互信的氛围以感染孩子的心灵。尤其是家庭成员之间应互相信任，尽管孩子年龄较小，但是他同样可以体会到父母对他的尊重和信任。从小受到尊重、信任的孩子，日后会更加懂得如何尊重、信任别人和如何得到别人的信任。

3. 满足孩子合理的要求

父母都希望自己的孩子诚实守信，不喜欢撒谎的孩子，然而，很多孩子却表现得不尽如人意。其实，孩子的这些坏习惯大部分都是后天的某种需求引起的，比如为了满足吃喝、玩乐的需要，或为了逃避受批评、受惩罚。这些都助长了孩子们不守诚信的恶习。

犹太父母认为，应该认真分析孩子的需求，尽可能满足其合理的部分。当然，满足孩子的时候应用孩子的眼光看待事物，分析孩子的需要，认真倾听孩子的心里话，而不要以大人的角度推测孩子的心理。得知孩子的需求之后，父母应该让孩子明白哪些是合理的、正确的，然后及时满足孩子合理的需求。对于孩子不合理的需求，则要对孩子讲明道理。千万不要觉得孩子很小或者没什么要紧就纵容孩子。

4. 将诚实教育形象化

犹太父母认为，因为孩子年龄小，父母必须把道理具体化、形象化、趣味化，这样孩子才能接受。因此，父母可以把诚实做人的道理寓于故事之中，让孩子明白是什么诚实、什么是虚假和欺骗，应该做什么、不应该做什么。

5. 对孩子的教育方法要正确

犹太父母认为，父母一旦发现孩子有不诚实的言行，需要细致、耐心、冷静地听听孩子的想法，认真分析其中的原因，然后对症下药。千万不要急躁、粗暴，对孩子进行责骂、体罚等，这样做结果往往适得其反。

> 家教启示

犹太父母认为，诚信是一种无形资本，从小培养孩子诚信的品格就等于为孩子的未来融资。一个人是否诚信，这和他所受的教育有直接的关系，尤其是孩子童年时期的引导和培养，是其形成诚信品质的关键。

第05章

犹太人对孩子崇尚智慧的教育：
从小培养孩子爱读书的习惯

在犹太父母眼中，财富并不是最重要的东西。一个人可能早上腰缠万贯，晚上就一贫如洗，这几乎是犹太人的家常便饭。在他们看来，金钱可以随时被带走、被剥夺，只有知识才是一旦拥有就永远不会流失的宝物。犹太父母会将自己对知识和智慧的态度传授给孩子，让孩子更多地亲近知识。

犹太人的"吻甜书"仪式

> 各种蠢事,在每天阅读好书的影响下,仿佛被烤在火上一样,渐渐熔化。
>
> ——犹太教子智慧

犹太父母认为,智慧和知识都是最甜蜜的。在犹太人的家里,小孩子稍微懂事了,母亲就会翻开《圣经》,滴一点蜂蜜在上面,然后让孩子去亲吻圣经上的蜂蜜。这样做是为了告诉孩子:书本是甜的。在久远的年代,这样的风俗是一种十分正式的仪式:当孩子们第一次进教室上课,需要穿新衣,由教士或有学问的人带到教室,然后每个孩子都可以得到一块干净的石板,在石板上有用蜂蜜写成的希伯来字母和简单的《圣经》文句,这样孩子们一边诵读字母,一边舔掉石板上的蜂蜜。随后,老师会分给孩子们蜜桃、苹果和核桃,之所以这样做是为了让孩子们一开始就尝到"知识"的甜蜜。从这些远古的仪式,我们可以窥见犹太人对待知识的态度。

在犹太教中,勤奋好学是敬神的一个重要组成部分,没有一种宗教像犹太教这样重视学习和研究。因为将勤奋好学提到了敬神的高度,于是在信仰的鞭策下,犹太人几乎形成了一种全民都有文化的传统。

讲给孩子的家教故事

晚饭之后,安迪双手捧着一本《圣经》,再拿出一点儿蜂蜜,往《圣经》上滴了一点儿,就将两岁的儿子约瑟夫抱到了《圣经》旁边,让他闻着蜂蜜的味道,去吻舔《圣经》上的蜂蜜。

安迪问孩子:"宝贝,这是什么?"两岁的约瑟夫奶声奶气地回答:"妈妈,是书。"安迪指了指《圣经》上的蜂蜜,继续问:"那么你现在亲吻的是什么?"两岁的孩子哪里分辨得出《圣经》上的东西是什么,只好凭着味觉回答说:"甜甜的东西。"安迪引导孩子:"也就是说,书是甜的,对吗?"约瑟夫点点头:"是的,妈妈,很甜。"安迪摸着孩子的头笑着说:"很好,宝贝,永远记住,书是甜的,能带给你甜蜜的生活。"约瑟夫点点头:"好的,妈妈,我记住了。"于是,又抱着《圣经》开始亲吻起来。

或许,许多中国父母感到奇怪,难道在《圣经》上涂蜂蜜让孩子舔,也算是一种教育吗?确实,这是每个犹太家庭都会进行的一个重要仪式——吻甜书。当孩子稍微懂事时,犹太父母就会教孩子读书,在犹太家庭中,孩子必须从《圣经》学起,因此,犹太父母会在《圣经》上抹蜂蜜,让孩子去吻书,这样做就是让孩子对书感兴趣,在刚开始接触书的时候,可以形成一个好印象。

那么,我们中国父母可以从犹太父母身上得到什么启示呢?

1. 书是甜的

每个犹太家庭中都会举行"吻甜书"的仪式,让孩子在品尝蜂蜜甘甜的同时,把对书籍的印象深刻地印在孩子们的脑中,只要孩子们脑中有了"书是甜的"这样的印象,父母对孩子的初次教育就差不多成功了。这样的仪式让孩子从小对书籍形成好印象,对书产生很大的兴趣,而这种兴趣会伴随孩子一生,让孩子一辈子都喜欢书,从而受益匪浅。

2. 尊书爱书

从犹太人对书本的态度,可以窥见其对知识和智慧的态度。犹太家庭有一个传统,那就是书橱要放在床头,假如放在床尾,就会被认为是对书的不敬。即便是敌人,当他向你借书的时候,你也一定要借给他,否则你将成为知识的敌人。对于犹太人而言,书本就是知识,所以他们视书如命。当然,正是因为犹太人如此重视知识和智慧,他们才会成为聪明的民族。

> 家教启示

犹太父母认为,"吻甜书"仪式除了让孩子对书形成一种印象,让孩子喜欢上书之外,还可以让孩子对书产生尊敬之意。当然,犹太人幼儿教育的成功之处就是让孩子从兴趣出发。诚然,兴趣并不是孩子与生俱来的,而犹太孩子对书的兴趣和喜爱就是在父母的帮助和影响下慢慢培养出来的。

妈妈要告诉孩子从危难中逃离时也要带着"智慧"

人的智慧掌握着三把钥匙:一把开启教学,一把开启字母,一把开启音符。知识、思想、幻想就在其中。

——犹太教子智慧

假如有人问犹太人这样一个问题:"人最重要的是什么?"犹太人一定会回答说:"智慧。"智慧来自犹太人的宗教传统,因此在犹太人的心中,智慧占有很重要的地位。那些拥有智慧的人会被人尊敬,比如学者。或许,一些民族会将王侯、贵族、军人或商人的地位置于学者之上,而犹太人却认为学者比国王还要伟大。甚至,犹太人认为即便变卖一切家当,把女儿嫁给学者也是值得的;为娶学者的女儿为妻,纵然花去所有财产也在所不惜。在犹太孩子尚未成年之前,父母就会教育他们,智慧比财富和地位更重要。

> 讲给孩子的家教故事

犹太妈妈笑着对孩子说:"宝贝,快过来,妈妈有问题问你。"孩子跑过来,依偎在妈妈的怀里,犹太妈妈问道:"宝贝,妈妈问你,假如有一天,咱们的家被大火烧毁了,所有的财产都被大火烧掉了,你只能选择带一样东西逃跑,你会带走什么?"

孩子回答说:"带走我的小熊。"原来,小熊是他生日时父母送的礼物,他一直很喜欢，连晚上睡觉都要抱着。然而，孩子的回答好像没有让妈妈满意，妈妈一边摇头一边继续引导说："孩子，你想一想，有没有一种东西，对你来说非常重要，而且你还很喜欢它的味道？"

孩子欢快地挥动着双手："糖？蜜？"然而，犹太妈妈依然摇了摇头，说道："不是蜂蜜哦，宝贝你再想一想，这个东西可能没有形状，也没有颜色或者是气味，但是它真的很重要。假如你带着它逃跑，你会得到比现在更多的小熊和蜂蜜。宝贝，再仔细想一想，它会是什么呢？"孩子天真地问："可以让我得到20只小熊吗？"犹太妈妈循循善诱："当然，只要你愿意，它会带给你很多东西，而且跟随你一辈子。"

孩子绞尽脑汁，想了半天，最后无力地垂下脑袋，抱歉地对妈妈说："对不起妈妈，我实在想不出是什么。"妈妈笑着说："没关系孩子，低头看看你手里拿的是什么，告诉妈妈，这是什么？"孩子脱口而出："书，甜甜的。"正说时还不忘舔舔自己的嘴角，似乎那里还有蜂蜜的味道。

犹太妈妈点点头："是的孩子，它是书，假如有一天，房子着火了，你首先要带走的东西，不是你的小熊，也不是财物，而是书。书中有你以后需要的所有东西，包括钱财和物品。有了书，就会拥有智慧，有了智慧，你就会拥有你想要的东西。而且，智慧是任何人都抢不走的东西，大火也没办法将它烧毁，你明白了吗？我的孩子，智慧将伴随你一生，只要你还活着！"虽然，孩子不太理解妈妈如此深奥的话，但还是认真地点点头，对妈妈说："妈妈，我记住了，房子着了大火时要先救书。"

以上孩子与犹太妈妈的对话基本上是犹太家庭中的传统问答。当发现犹太妈妈问这个问题的时候，许多中国父母也在琢磨：自己到底该带着家里的存折逃出去，还是该抱着自己的笔记本电脑逃生呢？或许答案是我们都没有想到的，竟然是书，更是书里的智慧。在每个人的心中，都有一个非常重要的东西，一旦发生意外，就会想到这个东西。这个东西可能是传家宝，也可能是钱财，不过犹太人却将书籍和智慧置于所有事物之上，而且将这种思想灌输给孩

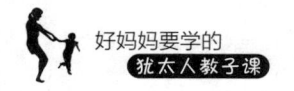

子，代代相传下来。

那么在平时的家庭教育中，犹太父母是如何让孩子亲近知识的呢？

1. 营造良好的学习氛围

犹太父母认为，如果要想让孩子对书籍形成一个好印象，让孩子有效地亲近知识，父母就应该为孩子营造良好的学习氛围。比如，下班回家之后养成每天阅读的习惯。孩子有着超强的模仿能力，他看见父母经常看书，自然会对书形成一个好印象。

2. 循循善诱，引导孩子亲近书本

就好像犹太父母引导孩子重视书籍、重视智慧一样，中国父母在平日生活中应该循循善诱，给孩子讲述一些能说明"知识重于财物"的故事，灌输给孩子一种智慧胜于一切的思想，长期如此，孩子就会意识到知识和智慧的重要性。

> 家教启示

房子着火了，你会带哪些东西逃生呢？有些父母会觉得这个问题不可思议，因为一旦遇到大火或其他灾难，中国父母可能会选择一些身外之物，比如钱财、物品等。然而，犹太人却愿意去救书，而舍弃了其他身外之物，这就是他们从小被灌输的思想。一代又一代的父母将这种思想灌输给下一代，因为在犹太父母看来，教育孩子的第一步就是让孩子对书籍感兴趣。他们这样做的目的就是让孩子了解书籍的重要性，有了书才会有财富以及其他所有东西。切记，一旦有什么意外情况发生，书籍是首先要抢救的东西。

孩子的实践能力和知识同样重要

没有比既能做事又能做学问更好的了。没有劳动的学问结不出果实，相反可能导致罪恶。

——犹太教子智慧

犹太人重视知识，更重视才能，他们把仅有知识而没有才能的人比喻为"背着很多书本的驴子"。在犹太人看来，一般的学习只是一种模仿行为，而没有任何的创新。而学习应该是以思考为基础，思考则是由怀疑和问题所组成的。学习需要常常怀疑，随时发问，正所谓怀疑是智慧的大门，知晓得越多，就越会产生怀疑，问题也就随之增加，这样才会让自己不断地进步。根据《塔木德》记载，犹太父母在让孩子学习知识之前，都会让他们获得做事情的一些基本能力，在他们看来，一个连做饭都不会的人是没有资格做学问的。

一个人的智力可分为两大部分：知识与能力。知识是人们在社会实践中积累起来的经验，能力则是指人们完成某种活动所必需且直接影响活动效率的心理特征。知识属于认识的范畴，而能力则属于实践活动的领域。知识与能力是相互依存并互相促进的，两者都是学习的结果。父母需要注意的是：要把知识和能力的重要性画上等号。只重视传授知识，而忽略能力的培养，这是中国传统教育的弊端之一，必须纠正，因为它会导致学生们得到了知识后，却不知道如何灵活、正确地运用知识。"百无一用是书生"，所说的就是这个道理。"马谡失街亭"就是个很好的例子：马谡尽管熟读兵法，却不能将知识运用到实践中，这就是缺乏能力的表现。当然，如果父母把知识和能力视为对立的两个方面，一味地追求提高自己的能力，完全放弃求知，显然也是错误的。

讲给孩子的家教故事

以色列有一所著名的学校，这所学校让孩子们乘上帆船，在一年之内穿越两次大西洋，游遍三个岛。在此过程中，孩子们不仅要经受暴风雨的洗礼，同时还要体验挨饿的痛苦。这所学校的学生不仅要学会驾船、捕捞、做饭，另外还要完成考察、读书、讨论等课程，同时他们还要和当地的居民打交道，了解风土人情。经过这样一番磨炼，学生们大都被锻炼成智勇双全的人。

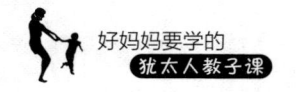

犹太人认为实践重于知识，有实践作基础的知识就好像一棵枝繁叶茂且根基很深的大树，即使遇到大风大浪，它也一定能根须深固。而对实践毫无用处的知识是空洞的，这种知识也完全派不上用场。犹太父母认为，仅仅有知识是难以生存的，要想让孩子拥有独立生存的能力，就要给孩子自由，这是犹太父母给自己孩子最好的礼物。正是这样，犹太人的孩子在对生活不断体验的基础上，寻找到自己一生的方向。

在犹太人中间，经常可以看到这样一种现象：有的犹太学生在大学预科时攻读心理学，大学时把专业改成了法律，最后成为一名律师；有的孩子本来学哲学，后来转到了医学系。换专业的情形是各种各样的，而且在犹太学生中十分常见。犹太人一直在努力寻找适合自己的领域，他们相信，只有这样才能将自己的能力最大限度地发挥出来。

对于如何培养孩子的实践能力，犹太父母是这样做的：

1. 鼓励孩子参加实践活动

犹太父母认为，父母应与老师积极配合，在各项活动中，让孩子大胆实践，诱发孩子充满灵性的创造能力。但是，父母应该记住，帮助并不是包办，父母的适时引导和有效帮助，是孩子在各项体验中赢得成功的必要条件和基本保障。

2. 让孩子自己动手

犹太父母认为，有必要让孩子承担一小部分家务。家里一些简单的劳动，可以试着让年龄大一些的孩子完成。当孩子在生活中遇到难题，父母应该留出足够的时间与空间让孩子自己去面对，让孩子自己体会问题的困难，从而解决问题。那时父母可以退一步，尽可能做一个旁观者，让孩子自己解决问题，积累生活经验，从而提高孩子做事的能力。

3. 给孩子提供实践的机会

犹太父母认为，一个人不管获得哪种能力，都离不开多想、多做的实践过程，父母应该为孩子的实践活动提供必要的条件。比如，父母要支持孩子参加课外兴趣小组的活动，与孩子讨论，支持孩子参加一两个，但不宜太多。活动之后，父母要与辅导员建立联系，了解孩子参加活动的情况，认真对待每一项活动，在教育过程中提高孩子的实践能力。

4. 鼓励孩子创新尝试

犹太父母认为，应该支持并指导孩子进行没有危险性的创新尝试。孩子们在学习、游戏、生活中往往会产生一些创新的想法并进行尝试，这时父母应该认真思考、作出判断，假如对孩子的身心没有危害，就应该给予支持并进行指导。

家教启示

犹太父母认为，在教育孩子的过程中，应积极支持孩子参加学校、社会的各项实践活动，逐步培养他们独立生活、劳动的能力，以适应多变的社会环境。父母需要有意识地让孩子学会处理身边的各种事情，让孩子得到充分锻炼。此外，遇事多让孩子参与，孩子能想到办法解决就让孩子做主，尊重孩子的主张，鼓励孩子动脑筋、想办法。即便孩子在解决的过程中会出现一些失误，父母也要冷静地帮助他们总结教训，不能挫伤孩子投入实践的积极性。

学会质疑，让孩子带着怀疑的精神学习

为了正确地认识真理，我们首先必须怀疑它并同它辩论。

——犹太教子智慧

犹太民族是一个爱读书的民族，但他们并不是读死书。他们认为读书应该经常提出疑问，只有这样才能证明有在思考。一味地看书，不知道思考的人，不能汲取书中的精华。犹太父母认为，不会怀疑的人不会思考，只会人云亦云，没有自己的主见。一个不会怀疑的民族只会慢慢退化，因为没有怀疑，就不会有任何进步。怀疑更是学习上的推动器，有了怀疑，人们才能吸收更多的

知识，更好地利用知识。

讲给孩子的家教故事

有一个年轻的犹太人坐火车去美国得克萨斯州的时候，路过一片荒无人烟的田野。火车在拐弯时逐渐减速，这时候一座平房映入了人们的眼帘，这只是一座很普通的平房，但是因为它出现在人们百无聊赖的时候，所以还是激发了人们的兴趣，人们纷纷睁大了眼睛，望着眼前这间缓缓退后的平房。看到这个情形，犹太小伙子陷入了深深的思考，他想，为什么不能将这里开发利用呢？这里可以做什么呢？终于，他想到了一个绝妙的主意。他赶紧下车去找这座房子的主人。

房子的主人正在为这座房子忧心，因为火车时时从这里经过，他们实在受不了火车的噪声，正想将这座房子卖出去呢。于是，这个犹太人用3万美元将这座房子买了下来。然后他找到一些大型公司，请他们用这座房子打广告。终于，可口可乐公司看中了这个巨大的广告商机，于是花18万美元和这个年轻的犹太人签订了三年的租用合同。

怀疑是创新的基础。犹太民族经常涌现出非凡的创新人才，这与他们民族的怀疑传统也有很大的关系。任何一项创新活动都是积极的思维活动，而思维都是从提问开始的。所以，犹太父母非常重视培养孩子的怀疑精神，他们认为这将成为孩子一生中宝贵的财富。事实的确如此，犹太人这种从小养成的思维模式，让他们在世界上不断地取得新成就，不断地有大作为。犹太父母的以下做法很值得借鉴：

1. 启发式提问

犹太父母在孩子很小的时候就经常启发他们提问，不管孩子提出什么问题，父母都会给予适当的鼓励，甚至是表扬。如果孩子向父母提出疑问，父母并不会立即告诉孩子问题的答案，而是先让他们自己去找答案，在孩子有了自己的答案后，父母再告诉孩子正确答案。这种启发式的问答可以锻炼孩子独立思考的能力，犹太父母就是通过这种方式与孩子进行思想交流的。孩子既受到了父母的教诲和指导，还可以和父母讨论，甚至可以和父母针锋相对地辩论。孩子们越积极思考，提出的问题就越多，争论的水平就越高，这说明孩子已经学到真正的知识了。人们发现，犹太人所具有的出色口才和高智力水平，与此有着密切的关系。

2. 鼓励孩子大胆怀疑

读书要有怀疑精神，这是世界上几乎所有智者的共识。孟子曾说"尽信书不如无书"，高尔基曾说"怀疑是进步的阶梯"，《塔木德》中也说"怀疑比盲目信仰更值得肯定"。犹太父母认为，有智慧的人在学习过程中都会抱着一种怀疑的态度看问题。对一切事情都要有怀疑的精神，即使面对权威，也要有胆量去质疑。在孩子的学习过程中，父母要鼓励孩子多问几个为什么，引导孩子大胆质疑。

家教启示

犹太父母在孩子很小的时候就鼓励孩子多问问题，这样不仅可以锻炼孩子的思维能力，更重要的是能培养孩子好学、怀疑的精神。这种习惯会影响孩子的一生，所以犹太人在做任何事情的时候，都敢于质疑。经过质疑，他们往往能发现一些潜在的商机。很多人的成功都是从质疑开始的，最著名的例子就是牛顿发现万有引力定律。很多人都会被苹果砸到，但是为什么只有牛顿发现了万有引力定律呢？就是因为他被苹果砸到时多问了一个为什么。

知识永远比黄金更贵重

没有人是贫穷的，除非他没有知识。

——犹太教子智慧

犹太民族是一个经历坎坷、四处漂泊的民族，为了不被吞没，他们只能聚敛财富，掌握经济命脉。不过，即便拥有再多的财富，犹太人也没有安全感。犹太人基于对自己生存现状的深刻思考，形成了敏感、不安的性格。除了恶劣的生存环境之外，他们制造财富的能力还要归功于对知识的推崇。犹太人认为，金钱是可以被带走、被剥夺的，只有知识才是一旦拥有就不会流失的东西。犹太父母总是教导孩子：没有人是贫穷的，除非他没有知识。

讲给孩子的家教故事

有一个学者和一个商人一起坐船出海，商人带了很多贵重的货物准备出售，然而学者却一无所有。商人有些得意地问学者："你带了什么货物啊？"学者不屑地回答："我的货物比你的要珍贵得多。"听到这样的话，商人感到十分惊讶，他有些疑惑地开始在船上寻找学者所指的货物，结果，他寻遍了整只船也没发现学者所说的货物，商人感到十分好笑：学者真是个只会吹牛的傻瓜。

这只船在海上航行了几天之后遇到了凶残的海盗，他抢走了船上所有货物。当船最终靠岸的时候，商人发现自己已经一无所有，这意味着他只能在异乡的土地上四处流浪，过着饥寒交迫的日子。相反，学者到了岸上后，首先找到了一所学校，开始传授律法。当地人看到他如此博学，给了他很大的荣誉，还有衣服、食物以及房子。商人见状，为自己之前的无知感到窘迫。

于是，商人向学者恳求道："请您原谅我的无知吧，帮帮我吧，给我找些吃的东西吧，我都明白了，你说你的货物比我的珍贵并不是夸口，知识才是最珍贵的货物。"

犹太人认为，财富随时都可能被抢走，但是知识就不一样了，只有知识才是自己随身携带的，无法被人抢走的宝贵资产。在他们看来，每个孩子都应该接受教育，学习知识。这主要是因为那些愚笨的人在接受了教育之后，才不会变得更愚蠢；聪明的人在接受了教育之后，才可以更好地发挥他们的能力；外表美丽的人在接受了教育之后，才会拥有更真实的内在；有权力的人在接受了教育之后，才会更好地借助智慧来运用权力。不管是穷人还是富人，都需要接受教育，否则，就会像一头负重的驴子，只会用自己的观点面对世界，结果却是笑料百出。

那么，怎样培养孩子对知识的敬重呢？

1. 把知识的崇高价值告诉孩子

犹太人对知识的重视程度可以说超乎常人的想象，他们认为一个无知的人是不可能虔诚的。犹太父母在教育孩子时总是说：知识使人严谨，严谨使人热情，热情使人洁净，洁净使人神圣，神圣使人谦卑，谦卑使人恐惧罪恶，恐惧罪恶使人圣洁，圣洁使人拥有神圣的灵魂，神圣的灵魂使人永生。在这方面，中国父母需要向犹太人学习，在教育孩子时把知识的崇高价值告诉孩子，这样做才会让孩子受益一生。

2. 告诉孩子：知识就是最宝贵的财富

犹太人尊重知识，追求真理。犹太人认为知识就是最伟大的，在知识面前，世俗的一切都要让位。犹太父母在教育孩子时会告诉他们：知识是一切财富的来源，是唯一可以永久打开财富之门的金钥匙。知识的价值在犹太人的历史中展现得淋漓尽致，犹太父母认为，与其把有限的财富留给孩子，还不如给他们一把永远打开财富之门的金钥匙——知识。

家教启示

犹太人崇敬知识，因此他们也十分重视对孩子的教育。相关数据显示：在美国的犹太人中有84%的人念过高中，有32%的成年人受过高等教育，而且每一个犹太人平均接受过14年的学校教育。一位分析家这样说道："在犹太人家庭里，学问受到高度重视，在这方面，非犹太人的家庭则相形见绌，这个因素构成了其他一切差异的基础。"可以说，知识确实是超越一切的宝贵财富，父母需要做的就是将创造财富的知识教给孩子。

第06章

犹太人对孩子思维的训练：
妈妈要让孩子学会理性思考

犹太民族是一个重视理性的民族，他们总是能够抛开内心繁杂的情绪而进行理性的思考。当然，理性思考的第一步是控制情绪，不要让情绪影响自己的判断。犹太人在教育孩子方面，尤其注重孩子们的理性教育。

引导孩子做事一定要积极主动

一个人只有积极主动做事，才能成功。

——犹太教子智慧

《犹太法典》里有一篇文章，题目是《积极主动地做事》。文中有这样一句话："现在动手吧！当你意识到拖延懒惰的恶习正在你身上显现时，你不妨用这句话警示自己。从任何小事做起都可以，并不是事情本身有多么重要，更大的意义在于要突破你无所事事的恶习。"犹太商人做事总是采取积极主动的态度，这样不仅可以避免自己受到不必要的伤害，还可以主动创造有利于自己的环境。犹太人一致认为，主动的人不会坐等命运的安排或贵人的相助，而相信自己的幸福和成功掌握在自己的手中，这些东西都是要靠自己争取的，别人是给不了的，所以如果想占有，就得积极主动地做事。

讲给孩子的家教故事

某天，一家犹太人开的公司面试新人。主考官将10个应聘者叫到办公室，然后指着一个柜子说："请你们想办法将这个柜子搬出去，给你们3天的时间考虑。"所有的人都觉得将这个柜子搬出去是不可能的，因为柜子是铁的，而且体积还挺大，这么重的柜子，人怎么可能将它搬出去呢？3天以后，有9个人交了答卷，他们的想法也是五花八门，有的说用杠杆原理，有的说将柜子拆开……前9位应聘者都说出了自己的方案，只有第10个应聘者没交答卷。第10个应聘者是一个柔弱纤细的女孩子，只见她走进办公室，什么话也没说，直接走向柜子，一使劲就将柜子搬了起来，毫不费力地将柜子搬了出去。其他应聘者都惊呆了,原来"铁"柜子并不是用铁做成的,而是用泡沫做的,只是在其表面镀上了一层铁。面试的主考官就是想用这种方式来考验应聘者的实际动手能力。

只有积极主动做事,才能将事情办妥,倘若一味设想,是解决不了问题的。人们在困难面前之所以会失败,很多时候并不是因为问题很难克服,而是人们被它的样子吓倒了。这个时候就更需要积极主动做事,要知道困难往往就是机遇伪装的。

对于孩子而言,积极主动体现了一种专注力。犹太人认为,孩子的早期教育不只是学习,还有性格以及专注力的培养。要让孩子养成专注的习惯,必须让孩子从一点一滴做起,孩子一旦具备了专注力,就会积极主动地做事。以下方法对提升孩子专注力十分有效:

1. 分时段学习

父母可以让孩子在规定的时间内分阶段完成学习任务,做到定时定量。假如孩子能够专心完成,父母需要给予一定的鼓励,还可以让孩子休息10分钟,然后以同样的方式完成后面的学习。当孩子做得很好的时候,可以慢慢延长一次性集中学习的时间,要求孩子主动去做,防止走神。这些都可以增加孩子的自信,让孩子感觉"我能自觉集中精神做好一件事"。

2. 平时多鼓励孩子

当孩子专注于自己的小手工制作或观察小动物而忘记吃饭的时候,父母不要去干扰孩子,而需要耐心等待孩子把手头的事情做完。因为孩子沉浸在自己感兴趣的事情的同时,其实也在培养自己的注意力。

3. 培养孩子的注意力

注意力是智力结构中的一个重要组成部分。作为父母,要冷静细心地观察孩子的行为,找出孩子注意力分散的根本原因,进而有意识地培养孩子的注意力。培养孩子注意力的方式各种各样,但最终目的都是让孩子长久地专注于一件事情。这种训练时间最好由短到长,父母可以从孩子比较感兴趣的事情入手，比如可以选择给孩子讲故事，通过提问来集中孩子的注意力；可以选择让孩子观察动物的成长过程；可以请孩子帮忙拿一些东西，由一件到几件不等，慢慢培养孩子的注意力。通过这些训练方法，时间久了，孩子的注意力自然就会增强，也能够提高效率。

家教启示

犹太人认为，积极主动做事的孩子在面对各种困境的时候会永远保持一颗积极上进的心，他们不会因为前景不可预知以及险象环生就畏缩不前。空想是解决不了任何问题的，一味地空想，根本就不切合实际。只有积极主动地调查实际情况，根据实际情况制订行动计划，才能在最短的时间内解决问题。

变通的孩子才能走得更远

没有做不到的事，只有不会变通的人。

——犹太教子智慧

《成功学》中有这样一句话："没有做不到的事，只有不会变通的人。"世界上没有什么事情是人尽了全力依然无法解决的，只要会变通，人就不会被事情左右。犹太人为什么这么会赚钱，为什么他们就能掌控世界的经济大权？就是因为他们会变通，他们能在变中不断前进，在变中引领世界经济潮流。

犹太人在金融行业一直是翘楚，这与他们多年经商，有着丰富的经商经验密切相关。犹太商人懂得当今社会只有不断变通才能站稳脚跟。盲目蛮干并不能创造多少财富，只能逐渐被时代淘汰。而懂得变通的人，会一直走在时代的前列，他们能够把握时代的脉搏，能够根据一点细微的变化嗅出未来的方向。当今世界叱咤风云的成功人士无不精通变通之术，他们在变化之前就已经做好所有准备，以便迎接即将到来的世界之变。

讲给孩子的家教故事

一个犹太人来到国外,在一个很好的旅店安顿好后马上到一家银行去抵押东西进行贷款。他问银行职员最低可以抵押多少贷款?职员回答说10美元,于是他把自己的包抵押了,贷了10美元。银行职员检查他的包时,发现里面有价值上亿美元的财产,还有一些很值钱的贵重物品。

大家想一想他为什么要这样做?因为安全,花极少的利息作为保管费用,每天只花一美分,就找到了一个安全的地方替他保管如此贵重的包。

犹太人一般是不会循规蹈矩的,他们对任何事物都有自己的见解和看法。他们为了追求最大的利益,可以在遵守契约制度的前提下做一些小变通。这些小变通有人会认为是投机倒把,但在犹太人看来,只要不逾越法律,商场上使用的策略都是灵活的。

在生活中,父母应该让孩子在遇到困难时学会变通。无论是生活还是学习,当用正常思维行不通的时候,不妨转变思维,说不定就找到了新的出路。比如,可以教孩子从直线思维转为发散思维:

1. 锻炼孩子的发散思维

发散思维是大脑在思考时呈现的一种扩散状态的思维模式。主要表现为思维开阔,不死守陈旧的思想观念,能够转变思路,从多个角度看问题。每个父母都希望自己的孩子能够灵活地运用知识和经验,具体分析事情,比如一题多解、一事多做、一物多用等。当孩子遇到问题找不出解决方法,或做事稍微有点缓慢的时候,父母不要主动帮忙;当孩子想出一个解决问题的方法时,父母不要急于否定;当孩子面对困难表现出迟疑时,父母不要失去耐心。这样,孩子才能逐渐减少束缚,打开思路。

2. 让孩子避开直线思考的方式

直线思考就是一个人在考量和解决问题的时候,只懂得沿袭固有的经验来办事,对着认定的目标直接扑过去,而不会考虑别的可能性。这种思考习惯有助于快速简捷地解决问题，不过缺少回旋的余地，忽视了其他更佳的解决方法。所以，当孩子面对问题时，父母一定要教育其多动脑，假如直线思考不能解决问题，不妨曲线思考。父母要教育孩子从不同的角度去想问题，一旦从固有的思维习惯出发没有找到合适的方法，就需要改变方向，从另外一个方向着手，也就是从完全不同的方向思考问题。

家教启示

犹太父母总是告诉孩子：成功与失败的距离有时候就是一个变通的事儿，会变通的人可以取得成功，不会变通的人就只能面对失败。一味地墨守成规、因循守旧，只知道低头蛮干，完全不顾市场变化的人最终只能被市场淘汰。犹太民族的经商智慧有着几千年的历史，他们一直将这种智慧传承下来，在实践的基础上对其升华。犹太人有着世界第一商人的美誉，这与他们的变通不无关系。

引导孩子转换角度思考问题

上帝为你关上一扇门，同时也给你打开了一扇窗。

——犹太教子智慧

犹太人经常将死路走成活路。他们在面对事情的时候能沉着冷静地考虑一切办法，这就是他们能够机智勇敢地面对一切困难的原因。他们在商场上身经百战，经受了无数磨难，练就了一身功夫，所以才能在关键的时候，不让自己走入山穷水尽的将死之路，而是慢慢地将死路走成活路。

讲给孩子的家教故事

有一个国王发布了一道奇特的命令，要求每个即将被处死的犯人说一句话，而且必须能马上验明真假。如果是真话，犯人就被绞死；如果是假话，犯人就被砍头。国王觉得自己想出的这个主意实在是太高明。

正好有4个犯人要被处死，当着众位大臣的面，国王让每个犯人说一句话。第一个犯人说道："我爱你，国王。"国王随即说道："爱我，就不应该犯罪，假话！拉出去砍头！"第二个犯人见到国王后，说道："我有罪啊，我该死！"国王说道："你确实有罪，也确实该死，说的是真话，拉出去绞死！"第三个犯人看见前两个犯人都死了，于是说道："太阳距离我们有70万公里零9米。"国王说道："这个问题没办法证明，视为假话，拉出去砍头！"轮到第四个犯人了，他是个犹太人，说道："我将被砍头！"国王想：如果他说的是实话，那他就该被绞死，但这就会让他说的话成为假话；如果是假话，就该被砍头，可是这样他又说对了，应该被绞死……国王的脑子被绕晕了，他不知道到底该判犹太人绞刑还是砍头，于是国王下令，犹太人被无罪赦免。不久，国王这道自认为很聪明的法令就终止了。

犹太人就是有本事经过思考将一条条死路走成活路，这不是一般人可以做到的，但是犹太人做到了。人们在做一件事情的时候经常会因为方法不当而走进死胡同，可是只要转换一下思路，或许就能让死路变成活路了。有的人不知道转变，只是一味地按照原来的思路走，这样就容易使道路越走越窄，甚至出现无路可走的情况。转换思路不是一件简单的事，需要广博的知识、持久的毅力以及专心致志的精神。

很多人在做事情的时候，坚信自己的想法是正确的，执着地一路走下去，这种坚持不懈的精神本是值得赞许的。但是，犹太人认为，在事情毫无转机的情况下，一味地执着就是固执了，这样坚持下去，路只会越来越难走。所以，这时候就需要换一种思路，看看有没有其他路可以达到目标。及时转换思路，人就不会错失很多机会，就不会一味地悔恨。犹太民族就是这样一个民族，他们对事情拿得起、放得下。

在现实生活中，父母也需要引导孩子换一个角度思考问题，尤其是孩子闹情绪的时候，教会孩子换一个角度看问题，说不定会有惊喜的转变。以下是几种引导孩子转换思路的方法：

1. 让孩子学会理解他人

父母需要告诉孩子，不要总是从自己的角度看问题，认为其他人都对不起自己。当孩子闹情绪的时候，父母不妨让孩子站在别人的角度思考几个问题：别人对我现在的做法是怎么想的，会生气吗？别人会怎么看我，怎么对待我？我可能在哪些地方做错了？我现在的行动会导致什么样的后果？

2. 引导孩子学会控制自己

犹太人认为，冲动是魔鬼，父母需要教会孩子控制自己的情绪。当孩子遇到生气或愤怒的事情，让他先尝试着从别人的角度看问题，试着理解别人，明白自己心中的真实想法，再想办法采取行动。犹太人认为，当遇到事情的时候，理智的孩子会让血液进入大脑，冷静地思考问题；不会思考的孩子只会让血液进入四肢，大脑空虚，疯狂冲动地去解决问题。父母需要培养理智而富有智慧的孩子。

3. 引导孩子转移注意力

当孩子产生负面情绪的时候，父母可以引导孩子通过转移注意力来降低负面情绪的影响，如让孩子看一些喜剧电影，也可以让孩子练字，这样不仅转移了注意力，还有效地让孩子自己安静下来。

4. 让孩子学会体谅他人

犹太人认为，任何事情都有两面性，看法不同，就会有不同的结果。在生活中，每个人或多或少都会有这样或那样的缺点，当事情发生的时候，学会体谅别人，尽可能站在别人的角度去思考问题，想想会对别人产生什么样的影响。假如孩子和朋友吵架了，父母要告诉孩子宽容比其他的方式更合适一些，引导孩子从另一个角度来看待别人对他的误解或伤害。

家教启示

犹太人认为，孩子一旦遇到了难过的事情，就容易走入死胡同，不懂得换一个角度看问题。这时父母就应该担负起引路者的责任，引导孩子从另一个角度看待这件事情。看到了好的一面，这样孩子的心情就会有所好转了。

不要扼杀孩子的质疑能力

质疑是迈向哲理的第一步。

——犹太教子智慧

犹太人经常抱着怀疑的眼光看待周围的一切，他们做任何事情都怀揣着怀疑的精神。怀疑的精神不仅可以用在治学上，其他方面同样适用。事实证明，怀疑精神是一个民族不断前进、不断创新的保障，一个具有怀疑精神的民族能够不断地前进，一个没有怀疑精神的民族会逐渐退出历史的舞台。犹太人经常用怀疑的眼光审视周围的一切。他们可以怀疑书本上的知识，可以怀疑某人说过的话，可以怀疑权威，可以怀疑他们认为值得怀疑的所有东西。

犹太人经常说的一句话就是："怀疑要比盲目的信仰更值得肯定。"已经庸俗化的道理，几近于偶像，因为它已经成为某种刻板模式。其信奉者的行为也近乎于偶像崇拜，而偶像崇拜正是犹太人最反对的，"摩西十诫"中就有"不可造偶像"的律条。没有怀疑精神的人，只会盲目信奉书中所说的东西，根本不会有自己的思考，只是重复着人云亦云的说法，又如何提出质疑呢？

> 讲给孩子的家教故事

上帝曾经怀疑两个城镇的人民违反自己的神谕，便准备毁灭那两个城镇的人，以示对他们的惩罚。亚伯拉罕听到这个消息后，开始怀疑这位万能神圣的上帝，于是他自告奋勇代表人民和上帝谈判。

亚伯拉罕质问上帝："假如城里有50个正直的人，难道也得跟随恶人一起遭受毁灭吗？"上帝没有回答，亚伯拉罕继续追问："难道上帝不愿看在正直之人的份儿上，宽恕其他人吗？"上帝知道自己理亏了，只好说："假如这座城镇真有50个正直的人，那么就看在他们的份儿上饶恕这个城镇。"亚伯拉罕更怀疑了，难道要有50个正直的人才可以原谅这座城镇吗？于是他接着问："假如只差5个人就能凑足50人，是不是还得毁灭这个城镇呢？"上帝让步了，答应如果有45个正直的人，就饶恕这座城镇。

亚伯拉罕更加怀疑这位仁慈宽容的上帝了，于是他步步紧逼，问道："假如只有40个正直的人呢？"在亚伯拉罕不断的质疑下，上帝真是哑口无言了，不过作为神圣不可侵犯的万物主宰者，说出去的话不能不算数。但是，他还是为自己的发言辩解。

亚伯拉罕义正词严地质问上帝："把拥有正直的人的城镇全部毁灭，合乎正义吗？"上帝终于被他问得无话可说，最后他答应："假如有10个正直的人，就不毁灭这个城镇。"

犹太人的怀疑精神是从小被培养出来的。犹太父母在孩子很小的时候就鼓励他们要经常提出疑问，犹太父母认为，怀疑精神是孩子一生的财富。由于犹太人在很小的时候就经常提出问题，所以他们长大以后，更是用怀疑的眼光审视周围的一切。他们的思路不会局限在现有的一种方法上，而总是想："难道就只有这一种办法吗？难道就没有更好的解决办法了吗？他说的是对的吗？怎么证明呢？"然后，他们会针对自己提出的问题找出答案。就是因为具有这种怀疑的精神，他们才会做出一些其他人无法做出的成就。

那么犹太人是如何培养孩子的质疑能力的呢？

1. 启发孩子敢于质疑

犹太父母会努力创造一种平等、宽松、和谐的家庭氛围，尤其是刚开始的时候会运用适当的激励机制，让孩子大胆设想、敢于质疑，让孩子敢于提问，消除孩子怕提问、担心被嘲笑的心理疑虑，让孩子大胆地问、毫无顾忌地问，只要是质疑的声音，不管好与坏，不论对与错，父母都要给予肯定和称赞。

2. 引导孩子学会质疑

父母要教给孩子提问的方法,引导孩子善于抓住重点,抓住关键点提问,向"真理""科学结论"提问。鼓励孩子不能"浅问辄止",而要刨根问底,多角度思考问题,多方位提问。鼓励孩子提一些有价值的问题,有价值的问题是指能通过表象看到实质的问题。同时,父母要给孩子充分的时间思考,引导孩子深入思考。父母要在培养孩子质疑能力上花费足够的时间和精力,不能只是形式而已。

3. 鼓励孩子自己解疑

解疑是就提出的问题进行研究探讨,从而使问题得到圆满解决。在这个过程中,孩子学会了探究的方法,提高了能力,体会到了成功的喜悦。假如孩子在解疑过程中发表了独特的意见,提出了有创造性的问题,而且符合答案,父母要及时地予以肯定、鼓励和表扬,让孩子感受到创造性学习的乐趣。即便有的孩子表达的意见离题较远,父母也不要横加干涉,使其失去信心,可以引导孩子通过课外书、电视、网络等多种途径慢慢探索。

4. 启发孩子反复质疑

犹太人认为,"疑—质疑—解疑—再起疑—质疑—解疑",这是一个反复的过程。父母可以启发孩子在探究过程中发现问题,在解疑结论中再次产生问题。父母需要让孩子明白,解决一个问题并不代表着结束,一个问题讨论结束并不代表这个问题真的结束了。鼓励孩子再次发现问题,再次探究。

> **家教启示**

犹太人认为,有怀疑,就会有发现;有批判,就会有创新。人类的历史、科技之所以不断地发展,就是因为人类有怀疑精神,有了怀疑精神,就会有创新。父母要耐心地培养孩子的质疑精神,让孩子在质疑、解疑的过程中萌发出创新思维。

培养孩子冷静处事的心态

不管发生什么事情，都要冷静、沉着。

——犹太教子智慧

犹太父母认为，孩子需要具备冷静处理棘手之事的能力。在现实生活中，有的孩子一遇到问题就紧张不已，大脑一片空白，束手无策；有的孩子平时学习成绩不错，但是一考试就会紧张，不能正常发挥，影响考试成绩；有的孩子心理素质较差，常常是想说的话不敢说，想要的东西也不敢要，畏首畏尾。长此以往，这样的心态就会影响孩子的发展。

讲给孩子的家教故事

安安是小学二年级的学生，她遇到事情经常惊慌失措，不知道该如何是好。因为成绩优异，安安被选为班级代表参加数学比赛。比赛的前一天，老师给安安一张贴有照片的准考证，并叮嘱安安一定要好好保存，不然第二天就进不了考场了。

同学们见安安代表全班参加数学竞赛，还有准考证，都挤过来看。可是安安此时又被老师叫去叮嘱一些考试注意事项了，准考证在同学们手里传来传去。结果等安安回家后准备第二天考试用品时，才发现准考证不知去向了，安安为此急得大哭。

这时正好爸爸来了，安安立刻扑到爸爸的怀里，哭得更凶了。爸爸以为发生了什么事情，赶紧追问，安安哭着告诉了爸爸事情的经过。爸爸听后，说道："孩子，遇到这种事情，你首先应该做的就是想办法去解决这件事，你可以先去自己的书桌找找看，说不定同学们看完之后把准考证放回你的书桌了。如果桌子上没有，你可以到讲台上去看一看，到窗户那里看一看，想一想同学们可能会把它放在哪里。如果还是没有找到，你可以求助老师。"爸爸拉起安安的手，说："来，你按爸爸说的去找找看，我在外面等你，爸爸知道你是一个大孩子了，像这样的事情不用爸爸帮忙,你一个人会解决好的。"

爸爸说完就把安安送回了学校,安安在教室里找了一圈,没有找到,于是就到办公室找老师,向老师说明了情况,老师帮她给同学们打电话,终于有一个同学说自己看完之后随手就把准考证放进自己的书包带回家里了,同学答应安安,马上给她送回来。

安安找到爸爸,和爸爸一起等同学来送准考证。爸爸说道:"遇到事情不要急,更不要哭,而要学会保持沉着冷静,努力想办法解决,爸爸相信你能做得很好。"

很多孩子遇到事情很容易情绪化,被着急、害怕的情绪影响,不知道该如何是好,甚至只顾发泄情绪,而不去想解决的办法。对此,父母可以教导孩子们在遇到问题时学会冷静面对,想办法解决问题。

孩子遇到棘手的事情,父母该如何引导呢?比如,当孩子在学校受了委屈时,犹太父母是怎么做的呢?

1. 避免跟孩子过多地讲道理

犹太人认为,父母需要避免跟孩子过多地讲道理。父母在与孩子沟通的过程中,很容易犯"讲道理"的错误。实际上,那些道理对孩子的表达有压制的作用,孩子会觉得自己没有做到这些道理,更加认为自己错了,以致失去信心。其实,父母可以换位思考:成年人遇到这样的事情也难免处理不好,也会犯错误;孩子毕竟还小,即便做得不好,那也在情理之中。父母不要用成年人的眼光要求孩子,少说"你本来应该那样做"或者"你以后应该那样做"。

2. 引导孩子释放情绪

在情绪处理上,父母需要引导孩子释放自己的情绪,尤其是愤怒。愤怒是一种最容易被压制的情绪,而压制愤怒对孩子的成长是很不利的。假如孩子在学校受了委屈,父母为了避免孩子对学校有意见,害怕影响老师以后对自己孩子的态度,往往会对孩子的愤怒情绪加以压制或者化解,不鼓励孩子表达愤怒的情绪,这其实是错误的行为。因为孩子即便表面上听话了,也会倾向于把愤怒情绪转向内心深处积累起来,感觉"我错了",长此以往会降低孩子的自我评价，导致孩子产生消极和退缩的心理，不专心学习。

3. 父母要与孩子站在一起

假如客观上真的是老师伤害了孩子，孩子因此受了委屈，父母就需要站在孩子一边作为孩子的支持者，而不要顾虑太多，回避接触老师。其实，父母找学校说明情况是对孩子尊严的一种保护，不过父母不一定要采取"讨回公道"的方式，而是需要持一种冷静的态度，特别是要让孩子了解事情解决的过程，消除误会对孩子心灵的影响，让孩子感到自己不是孤单的，并让孩子在化解"委屈"的过程中渐渐学会判断和思考，培养遇事冷静的心态。

家教启示

犹太人认为，父母不仅要关心孩子的衣食住行，还要关注孩子的内心和精神世界。为了孩子的健康成长，需要让他们永远保持一种乐观、积极、从容、冷静的心态，只有这样，才能克服生活和学习中遇到的问题，从容不迫地生活。

第07章

犹太人对孩子自立自强的教育：
妈妈要告诉孩子凡事都要靠自己

犹太人十分推崇个人的独立精神，在他们看来，独立精神是一个人拥有一切优秀品质的基础。因此，在犹太人的家庭教育中，培养孩子的独立精神是重中之重。犹太父母总是告诉孩子：遇到事情首先应该想到靠自己。

让孩子尽早学会自立自强

　　学会自立,就会让自己自强不息;学会自立,就会让自己走向希望,走向成功。

——犹太教子智慧

　　犹太父母认为,自立就是自己掉进坑里后,能够勇敢地爬出来;自立就是遇到困难时,自己会想办法解决;自立就是遇到挑战后,自己勇敢迎战;自立就是孩子在面对困难时不被压倒,遇到厄运不低头。在犹太人的传统文化里,年满13岁的孩子都要参加隆重的成人仪式,表示自己是真正的犹太人了,需要开始承担宗教义务了。聪明的犹太父母是这样教育自己的孩子的:在孩子四五岁的时候,让孩子从茶几上跳到父亲的怀里,然后父亲紧紧地抱着孩子,一次,两次……突然有一天,父亲不再抱孩子了,让孩子摔在地上,这时父亲就对孩子说:请记住,除了你自己,不要相信任何人,不要依靠任何人,一切只能靠你自己。犹太人对孩子独立性格的教育就是这样的,因为这种教育是由最值得信赖的父亲亲自传授的,而且孩子是用痛苦去感受的,所以犹太人的孩子从小就学会了自立自强。

讲给孩子的家教故事

　　苏菲最害怕一个人在家里,假如遇到意外情况,苏菲就会手足无措。每次和爸爸上街,她总是喜欢被牵着走,若是爸爸让她自己挑选玩具,苏菲会说:"你觉得哪个好啊?"爸爸察觉到女儿对自己太过依赖,独立性太差。

　　有一天,苏菲要去买书包,她问爸爸:"是买粉色的,还是买蓝色的?"

爸爸说："你自己决定吧，以后，只要是买你的东西，都要自己决定。"爸爸还鼓励苏菲自己整理房间、打扫卫生、种花等。现在苏菲变得独立了，可以自己洗衣服了，会用电饭煲煮饭了，即便有时一个人在家也可以照顾好自己。

犹太父母认为，孩子养成自立的性格才能够快速适应独立的生活。父母希望孩子放弃对自己的依赖，就要注重对孩子自立性格的培养。自立的性格是孩子学会独立、自主生活的关键，假如孩子在性格上喜欢依赖父母，不能承担责任，不会独立思考，就会影响到孩子以后各方面的发展。

父母希望孩子有个美好的未来，就不能事事都满足孩子的愿望，这样容易让孩子产生依赖，无法自主、独立地去完成事情。这样的孩子害怕遭遇挫折、承受压力，害怕尝试新鲜事物，无法面对突发事件。培养孩子自立的性格，需要父母学会放手，因为孩子必须学会选择、承担，能够照顾好自己，不盲目听从他人的意见，需要长大，需要学会独立。所以，父母不要担心孩子会吃苦，而应让孩子早日独立、自主地生活。

1. 允许孩子不听话

犹太人认为，父母要允许孩子适当不听话、不讲理，因为这表明孩子已经具备了独立思考的能力。当孩子不愿意服从父母的命令时，父母需要鼓励孩子说出自己的想法，只要孩子的想法是可行的，就应该按照他的想法行动，只有父母放手才能培养孩子的独立性格。当孩子"不可理喻"的时候，父母不妨反思：我说的真的是孩子想要的吗？犹太人认为，孩子若每件事都听从父母的，只能说明他在盲从他人的意见，并不值得夸奖。

2. 避免给孩子定太多规矩

犹太父母认为，假如父母希望培养孩子自立的性格，就不能定太多的规矩。因为孩子在逐渐变得独立的过程中，需要更多自由，父母总是定规矩，孩子的个性就会被束缚。犹太孩子就有很多自主权，父母通常告诉他：做完作业再玩。后来父母再告诉他：照顾好自己。结果孩子从小到大都做得很好，不会让父母操心。无论是生活还是学习，犹太孩子都能打理得井井有条。父母没有严格管制他，这样的孩子反而成了别人眼中的优秀孩子，给人印象最深刻的是：自立自强。要想孩子自立，就需要多给他一些个人空间，减少制约，就会让孩子拥有更多的自由，因为自由的氛围是利于孩子的"自我"，也就是自主性的发展的。

3. 避免对孩子进行处罚

假如孩子每次违背规矩都要被处罚，这对孩子心灵来说就是一种打击。由于孩子对处罚心生恐惧，最后宁愿放弃个性和自主性。犹太父母认为，父母对孩子的坏习惯，不管制不行，管严了也不好。无论怎样，父母需要给孩子提供一个远离处罚的环境，从而更好地保护孩子的心灵。

4. 让孩子对自己负责

犹太父母认为，独立的个性可以让孩子更积极地管理自己。通常来说，缺乏独立性的孩子不会自觉、自律地生活，长大后也会被社会淘汰。父母要让孩子学会自己的事情自己负责、自己解决，管理好自己的生活。一旦孩子学会了自律，就会更加独立、自主地决定自己的生活方式。

5. 父母不参与孩子的个人事务

对于孩子自己的事情，父母要鼓励孩子自己解决，别随意插手。尽管孩子的选择有些幼稚、不完善，但父母要知道，即便再不成熟的决定，那也是孩子自己的决定。孩子需要这种自我选择、决断的机会，而孩子也会在不断的失败中走向成熟，其独立性也会得到有效提升。

家教启示

犹太父母认为，孩子缺乏自主的个性，主要是因为被过度保护。父母是孩子最强大的保护伞，孩子只要遇到困难，总想寻求保护，于是孩子就在这样的保护下失去了自我判断力、自我抉择能力、自我思考能力。父母应该明白，最听话的孩子，并不是最好的孩子。父母不要随意插手孩子的事情，要把判断和选择的权利还给孩子。

让孩子明白自己的事自己做

如果我们不为自己努力,我们靠谁?

——摘自《塔木德》

犹太父母不会让孩子产生依赖性,他们告诉孩子:自己的事情一定要自己做,一切都要靠自己。哪怕你完成得没有别人好,那终归也还是你自己的劳动成果。犹太人相信,只有经过一次次的困难、失败,才能换来以后的成功。假如你总想着依赖别人,那你的一生始终与贫穷和低声下气为伴。父母需要教导孩子,自己的事情自己做,从小就培养孩子自己动手的能力。

讲给孩子的家教故事

玛雅晚上准备睡觉,脱下衣服之后就想要躺下。这时妈妈告诉她:"玛雅,以后晚上脱完衣服要把它们整理好,然后放在旁边的凳子上。"说完妈妈就开始帮玛雅整理衣服,玛雅见状急忙说:"妈妈,自己的事情自己做,这些都是我的衣服,我自己来整理它们。"说着就从妈妈手上抢过自己的衣服,边整理边自言自语地说:"小衣服,整整平,先把左袖折过来,再把右袖折过来,最后轻轻折起来。"玛雅整理完衣服之后高兴地指着衣服说:"妈妈,你看,我的衣服整理好了,我棒不棒呢?"妈妈竖起大拇指:"棒!棒!宝贝真棒!"玛雅又说:"妈妈,自己的事情自己做,我可是你的小帮手呢!"说完又开始整理自己的小裙子,然后是袜子,等把所有的衣服都整理好之后,她才安心地睡觉。

犹太人认为,父母过度地保护孩子,会让孩子慢慢地失去独立的能力,因此,父母不妨放手让孩子去做一些事情,这不但能够助力他们的成长,也能够建立孩子的自信心。教育孩子的目标之一就是独立性,一个缺乏独立性的孩子是没办法适应现代社会的。因为孩子长大后需要面对的是急剧的社会变化,快速的科学发展,这需要他们具备独立思考、判断和解决问题的能力,否则将难

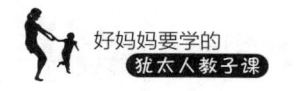

以生存。

孩子的童年时期是其世界观、人生观、价值观萌芽的时期,通常孩子在三岁之前就有意志萌芽,能初步借助语言来表达独立行动的意愿,比如"我要做什么""我自己怎么样"。所以,对于父母而言,不仅需要有意识地培养孩子独立的能力,例如让孩子自己洗手、洗脸、刷牙、穿衣服,做这些力所能及的事情,还要让孩子练习一些复杂的活动,比如收拾玩具、洗碗筷、去不远的地方买东西等。只有把培养孩子的"独立性"作为其健康发展的重要目标之一,才能进一步培养孩子良好的生活习惯。

1. 让孩子成为一个"独立"的人

许多中国父母经常把孩子视为掌上明珠,一家人围着一个孩子转,孩子成了家中的"小皇帝""小公主",饭来张口、衣来伸手,每件事情都让父母包办代替,结果最后孩子什么都不会做,什么事情也不愿意做。时间长了,孩子就会习惯让父母帮他做全部事情。

犹太父母认为,孩子从一出生就是一个独立的人,他们一直在积极探索周围的世界。然而,当父母一厢情愿地包办代替的时候,孩子就会形成一种错误的观点:什么事情都应该由父母做,不需要自己动手。为此,父母需要做的是让孩子学会做一个独立的"人",从而感知生命存在的意义。

2. 训练孩子动手的习惯

犹太父母喜欢训练孩子动手做事的习惯,主要是做符合孩子切身利益的事儿,比如整理书包、收拾书桌、自己穿衣穿鞋等。实际上,多做事的孩子有学习手脑并用、体谅他人和为别人服务的机会,同时手脚也会更灵活,做事和学习效率也随之提高不少。

3. 让孩子独立完成一件事情

犹太人认为,父母在孩子需要帮助才能完成某件事情时,若不给予帮助,这就是父母的失职。但是,当孩子已经具备独立完成某件事的能力时,做父母的就应该要求孩子独立完成。对孩子而言,假如摔倒之后没有重新站起来的勇气和毅力，那他之后要如何生存呢？假如孩子离开了父母的呵护就生活得一塌糊涂，那他又怎样去面对激烈的社会竞争呢？

4. 让孩子进行自我服务劳动

自我服务劳动是孩子照料自己的生活、保持周围环境整洁干净的劳动。比如，对于稍微大一点儿的孩子，自我服务劳动的要求是：学会洗手、洗脸、刷牙、洗脚、剪指甲，做好个人卫生，能穿脱衣服、系鞋带、学会削铅笔，对自己的学习用品进行分类整理和保管等。

家教启示

犹太人认为，父母应该鼓励孩子在家里帮妈妈做些家务，比如给父母端水，给爷爷奶奶捶捶背等。让孩子学会做事，就要从小事做起，扎扎实实做好每一件小事，这样才能胜任一件大事。"学会做事"的生活教育需要贯穿于孩子生活的每一个细节，这样才有效果。当孩子从小就知道自己的事情自己做，慢慢地，他就会从中意识到自己的责任感，不仅事情做得好，而且责任感极强。

让孩子明白要生存只有靠自己

人多不足以依赖，要生存只有靠自己。

——犹太教子智慧

犹太民族长时间受歧视、遭迫害，被迫流亡异乡，过着寄人篱下的生活，或许正是这样的经历才使得他们人才辈出。早在公元14~15世纪时，犹太人就曾被送到隔离区生活，同时身上还要佩戴黄色的标记用来区别，可以说他们随时处于被歧视、伤害和危险之中。正是这种经历让犹太人知道一个道理：要生存只有靠自己。犹太民族的传统是，在孩子很小的时候，父母就对孩子进行独立性格的培养。

讲给孩子的家教故事

林肯有一个异姓兄弟名叫詹斯顿,他曾经是一个游手好闲、好吃懒做的人,经常写信向林肯借钱,林肯想了很多办法教育他,下面是林肯写给詹斯顿的一封信:

亲爱的詹斯顿:

我想我现在不能答应你借钱的请求。每次我给你一点帮助,你就对我说:"我们现在可以相处得很好了。"但没过多久我发现你又没钱用了。你之所以这样,是因为你的品行上有缺点。我怀疑自从上次提醒你后你是不是好好地劳动过一整天。你并不完全讨厌劳动,但你不肯多做,这仅仅是因为你觉得从劳动中得不到什么东西。

这种无所事事浪费时间的习惯正是困难之所在。这对你是有害的,对你的孩子们也是不利的,所以你必须改掉这个习惯。以后他们还有更长的生活道路,养成良好的习惯对他们更重要。如果他们从一开始就保持勤劳,这要比他们从懒惰习惯中改正过来容易。

现在,你的生活需要用钱,我的建议是你应该去劳动,全力以赴地用劳动赚取报酬。

让父亲和孩子们照管家里的事情——备种、耕作。你去做事,尽可能地多挣些钱,直到还清你欠的债。为了保证你劳动有一个合理优厚的报酬,我答应从今天起到明年5月1日,你用自己的劳动每挣一元钱或抵消一元钱的债务,我愿另外给你一元。

这样,如果你每月做工挣10元,就可以从我这儿再得到10元,那么你做工一个月就净挣20元了。你要明白,我并不是要你到加利福尼亚的铅矿、金矿去,而是要你就在家乡卡斯镇附近做你能找到的有着优厚待遇的工作。

如果你愿意这样做,不久你就会还清债务,而且你会养成不再负债的好习惯,这岂不是更好?反之,如果我现在帮你还清了债务,明年你又会照旧背上一大笔债。你说你几乎可以为七八十元钱放弃你在天堂里的位置，那么你把你在天堂里的位置看得太不值钱了，因为我相信如果我把钱借给你，你就会拿地抵押给我，如果你还不了钱，甚至会把土地的所有权交给我——简直是胡说！你想过现在有土地你都活不下去，没有土地你又怎么过活呢？你一直对我很好，我也并不想对你刻薄。相反，如果你接受我的忠告，你会发现它比10个80元还有价值。

你的哥哥
林肯
1848年12月24日

犹太人认为，我们虽然可以靠父母和亲戚的庇护成长，因爱人得到幸福，但是不管怎么样，人生归根结底还是要靠自己。犹太父母总是告诉孩子，一个人要想成就大事，从心底里感受到生命的充实，那就必须要靠自己。所有的事实都证明"一切靠自己"是最明智的人生理念。

在孩子成长的路上，其成就动机是促使孩子们成功的原动力。作为父母，一定要注意培养呵护孩子的成就动机。通常情况下，那些成就动机高的孩子在生活中往往有独立的见解，能够抵制不可靠的意见，做事情很容易成功。而且，在做事情的过程中，这些孩子总是能尽自己最大的努力，克服一切困难，将自己的潜能发挥到极致。相反，那些成就动机低的孩子，他们总是信心不足，认为自己不行，而在设置目标的时候，他们又设置一些不切合实际的目标，结果又不付出努力，导致一次次失败。

当然，孩子的成就动机是可以在日常生活中培养的，最关键的一点，就是父母一定要让孩子学会依靠自己，让孩子知道不论做什么事情，都必须依靠自己的力量，这样才能克服困难，把事情做好，从而增强其成就动机。

1. 告诉孩子要永远相信自己

犹太人教育孩子的方式是十分特别的，他们会在孩子面前挖一个坑，然后叫孩子往前快跑，假如孩子乖乖地掉进坑里，一定会遭到严厉的责备："在这个世界上，不要相信任何人，只能相信你自己。"在平时的生活中，假如孩子摔倒了，他们不会哭闹不止，而是自己爬起来，因为他们知道，哭闹是没用的，谁也没时间管自己。

2. 不要抱怨孩子太较真儿

当孩子靠自己努力去做某件事情的时候，有些父母却觉得孩子不用这样认真。试想假如父母从一开始就不主张孩子做到最好，那孩子可能一生都不会认为自己可以成为最好的。假如孩子从小就不能仔细分辨态度与行为的差异，那他也就不可能严肃对待以后的学习和生活。

犹太父母认为，父母需要正确对待孩子的成就动机，假如孩子天生爱较真儿，每件事都想做到最好，父母就应该想办法去呵护孩子的成就动机；假如孩子不好强，凡事都顺其自然，父母则需要花时间去培养孩子的成就动机。

3. 激发孩子的成就动机

犹太父母帮助孩子树立能够达到的目标，激发并帮助孩子建立适当的成就动机，让他们明确知识学习、品德修养等要追求的目标。当孩子在一次活动中获得成功的时候，他们会感到满足，这时父母要教育孩子不能满足现有的成绩，进一步激励其树立更大、更长远的目标。

4. 相信孩子的能力

犹太人认为，父母要相信孩子的能力，给予他们锻炼的机会，只要孩子能做到，就应该让他们去做。凡是孩子自己想到且有尝试的愿望的，父母就要不厌其烦地给孩子机会，允许孩子去做一些他们有信心做好的事情，这样会提高孩子的自信心，有利于他们赢得成功。

家教启示

犹太人认为，父母应该有意识地培养孩子的独立能力以及自立意识。因为对于一个充满朝气的孩子来说，要是觉得自己有能力，一百个人说他不行也不会让他泄气。但假如孩子觉得自己没能力，即便再怎么夸他也没用。父母需要告诉孩子任何成功的获得都需要自己的努力和机遇，这与别人的照顾没有直接关系。正所谓天道酬勤，只要你相信自己，那生活就一定会越来越好。

告诉孩子如何做一名优秀的领袖

> 做领导者和做你自己是同义词。就是这么简单，也是这么困难。
> ——犹太教子智慧

领导才能是犹太父母着重培养孩子的重要品质之一。孩子的领导才能是各种能力的综合，在他发挥领导才能的过程中，其综合分析、创造、决策、随机应变、协调、语言表达能力都得到了相应的锻炼。当然，孩子身上所体现出来的领导才能并不同于成人群体中的领导才能。在孩子身上，并没有体现出过多的权力因素，而是更多的自信感和成就感。一个孩子如果具备了一定的领导能力，那么他在交往、应变、语言表达能力等方面都会远远超过同龄的孩子，这样他周围的孩子就会对其产生亲切感、信赖感和佩服感。

【讲给孩子的家教故事】

在一个小镇的超市，15岁的安妮站在收银台边上，正忙着帮客人把买好的东西一件一件麻利地装进购物袋。安妮长得很结实，平时温文有礼，兴趣广泛。安妮平时非常忙，除了学习之外还是学校学生会成员、学校羽毛球队队员和省女子足球队青年组队员。

一位在购物的朋友跟安妮打了个招呼，安妮也很有礼貌地回应。朋友问安妮："暑假有什么计划？忙了一年，要不要利用暑假的时间外出度个假，好好地休息一下？"没想到安妮兴奋地告诉朋友："今年暑假我要参加志愿者活动，去非洲的一个小镇，帮助照看当地的战争孤儿。为了筹集资金，在接下来的几

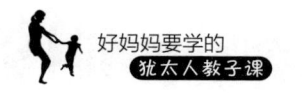

个周日,我会来超市帮人装购物袋,筹集资金,周六在农夫市场出售自己烤的蛋糕和饼干,赚的钱会用于去非洲的开支。"朋友关心地问:"你父母同意吗?"安妮笑着说:"他们为我的想法感到骄傲,非常支持我。不过,他们给我提了个要求,那就是必须自己筹集去非洲一个月所需的全部费用。"

在以色列,像安妮父母这样鼓励孩子利用周末、节假日做志愿者的父母不计其数。在孩子还很小的时候,犹太父母就经常会带孩子一起为当地的食物银行、博物馆、图书馆、体育运动组织等做义工。随着孩子的成长,犹太父母逐渐放手,让孩子独立参与政府机构、养老院、非营利机构的志愿者活动。在犹太父母看来,做志愿者不但给孩子提供认识社会、丰富生活经验、学习处理社会各种复杂的人际关系的机会,而且还能让孩子在实际生活中掌握观察、模仿和实践等领导技能,因为领导力必须通过孩子的体验获得。犹太人尤其重视培养孩子的这些能力:

1. 培养孩子的沟通能力

犹太人认为,领导者需要具有比常人更优秀的沟通能力。领导者要有理解别人的能力,要能与人沟通,协调同伴之间的矛盾和冲突,解决发生在内部的分歧,让大家都朝着一个方向努力,这样,领导者才能赢得别人的尊敬。所以,在日常生活中,父母需要培养孩子的沟通能力,在家庭活动中,父母要强化孩子形成"小主人翁"的意识,让孩子懂得理解他人、团结他人,培养与他人沟通的能力。

2. 培养孩子的自信心

犹太父母认为,大多数孩子都有一定的依赖性,这其实是他们缺乏自信的一个重要原因。孩子缺乏自信,因而不敢单独完成一些任务。所以,当父母吩咐孩子去完成一件事情的时候,要学会鼓励孩子:"我知道你一定能做得到。"如果孩子取得了成功,父母要及时给予夸奖:"你果然做到了,真了不起!"当孩子听到这样的话,自信心就会大增。当孩子对自己的能力充满了自信,他就能够独立思考、独立行动,积极参与同龄孩子的活动而且有一种必须成功的劲头。孩子一旦有了自信心，他就会有自信去领导自己的团队。

3. 培养孩子的责任意识

领导者是有一定的责任意识的，他会对自己团队的成功与失败负责。对于孩子来说，他的责任意识就表现在他对自己、对他人以及日常生活中各种事情的态度上。所以，为了培养孩子的责任意识，父母不仅要要求孩子自己的事情自己做，还要教导孩子对自己的言行负责。

4. 培养孩子的决策能力和创新能力

父母常常认为孩子是没有想法的附属品，其实，孩子也能够感受到"自我"和"自我存在"，他们也经常为"什么都得听父母的"而烦恼。基于这样一种强烈的自我意识，孩子渴望独立行动并开始尝试作出决策。所以，随着孩子年龄的增长，父母要摒弃事事包办的错误做法，尊重孩子的兴趣选择、价值判断等各方面的权利，给予孩子最大的信任，指导并帮助孩子独立自主发展。

创新能力是一个领导者不可或缺的素质。其实，创新能力隐藏在每一个孩子的身上，即便是年龄很小的孩子，他也会有一定的创造力。父母应以奖赏的方式呵护孩子的好奇心，激发他内心的探索欲望，这样有助于培养孩子的创造性思维，从而不断地增强孩子的自信心。

家教启示

犹太父母认为，领导才能对孩子未来发展有极大的帮助。一个习惯于做孩子王的孩子，他能在未来的人生中独当一面，甚至带领自己的团队，因为他早就接触了领导才能的方方面面。另外，领导才能对孩子当下的表现也有很大的帮助，那些具有领导才能的孩子往往担任着学习上的领导者，比如班长、中队长之类的职务。而且，他们在课余活动中表现出来的领导才能，比智力或学习成绩更能准确地预测他们将来所取得的成就。

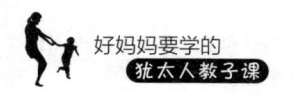

尽早帮助孩子树立人生目标

确定目标后，然后全力以赴、无怨无悔，人生终会成功。

——犹太教子智慧

犹太人认为，一个人的人生目标很重要，因为人生不可能没有灯塔。许多父母总是抱怨自己的孩子容易受环境的影响不好好学习。如何解决这个问题呢？犹太父母认为一个非常重要的方法就是帮助孩子树立人生目标。为孩子树立人生目标，并非像一些父母所认为的是很空洞的、没有任何实际意义的事情，实际上这是一个很重要的问题。孩子一旦有了目标，不管是大目标还是小目标，他都会认为这个目标是他的理想，并会为理想的实现而奋斗。

犹太父母认为，一旦给孩子树立了正确的人生目标，除了目标本身所赋予的意义之外，孩子还能从其他方面获益。因为孩子有了人生目标，就能增强心理免疫力，抵御周围那些不良环境的影响，有效防止孩子养成坏习惯，让孩子形成独立、有主见的性格品质。凡是在心中牢固树立人生目标的犹太孩子，都能够自觉地、主动地抵抗外界不良事物的诱惑，无一例外变得有主见，能坚持走自己的路。

讲给孩子的家教故事

在美国某小学的一次作文课上，老师给出的题目是"我的人生目标"。一个小朋友飞快地写下了自己的人生目标，他希望自己能拥有一座占地十余公顷的庄园，在庄园里有小木屋、烤肉区，还有休闲旅馆。然而，这个作文到了老师手里，被画上了一个大大的红"×"，并被要求重写。小朋友感到很不解，老师说："我要你们写下自己的人生目标，而不是这些如梦呓般的空想，我要实际的目标，而不是虚无的幻想，你知道吗？"小朋友据理力争："可是，老师，这真的是我的人生目标啊！"老师生气地说："不，那不可能实现，那只是一堆空想，我要你重写。"小朋友不愿意妥协："我很清楚，这才是我真正想要的，我不愿意改变我作文的内容。"老师摇摇头："如果你不重写，我就让你不及格了，你要想清楚。"小朋友坚定地摇摇头，不愿意重写，结果那篇作文他只得到了一个"E"。

然而，30年过去了，老师带着一群小学生来到了一座很大的庄园，享受着绿草、舒适的住宿以及香味四溢的烤肉。就在这里，老师遇见了庄园的主人，就是当年那名作文不及格的学生，如今，他实现了自己儿时的人生目标。老师惭愧地说："30年来我固执己见，不知道用成绩毁掉了多少学生的梦想。而你，是唯一坚定自己人生目标，没有被我毁掉的孩子。"

犹太人认为，宏伟的人生追求可以让人战胜惰性，唤醒自省的潜力，百折不挠，勇往直前。作为父母，要帮孩子从小树立宏伟的人生追求，树立远大的奋斗目标，从而唤起孩子的热情，让他们满怀热情，克服困难和挫折，最终变成一个优秀的人。假如孩子的生活没有目标，过一天算一天，人生便没有什么价值，孩子更不会取得任何成就。

孩子因为年纪较小，并不知道学习对自己将来有什么影响，也不清楚学习书本知识有什么用，因此他们只愿意做让自己开心的事情，比如嬉笑打闹。这并不是孩子的错，而是父母没有尽到帮助孩子树立人生目标的责任。犹太父母会告诉孩子，生命要存活，只要一碗饭、一杯水就足够了。不过若是想活得精彩，就需要有远大的追求和坚定的目标，这些是人生不可或缺的精神动力，假如丧失了，就没有了灵魂，如同行尸走肉。

犹太父母通常会采取这些方法帮助孩子树立人生目标：

1. 为孩子树立追求的好榜样

犹太人认为，父母对孩子的影响是很大的，从孩子呱呱坠地一直到18岁成人，他们接触最多的就是父母，而这个阶段的孩子最喜欢模仿，孩子在不自觉中就能学会父母的一言一行。要想让孩子树立远大的人生目标，父母首先要有目标、有追求、努力上进，这样孩子才会学习父母的勤奋，为自己定下目标，

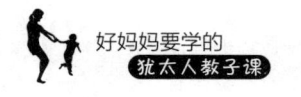

未来才会有所收获。

2. 了解孩子的兴趣和特长，尊重孩子的选择

父母要善于培养孩子的兴趣，然后在一些特定的兴趣上，注重投入时间和精力，使其成为孩子的特长。假如发现孩子的兴趣不在于此，则需要帮助孩子及时调整。假如父母勉强孩子去做他自己不喜欢的事情，结果往往是适得其反的。

3. 通过名人故事激励孩子树立人生目标

犹太人认为，父母希望孩子不贪玩、主动学习，就需要给孩子多讲讲人生的追求和意义。当然，仅仅是理论方面的说辞的话，孩子并不理解。这时父母不妨用名人榜样引导孩子，帮助孩子树立起自己的人生目标，让孩子认识到只有从小树立宏伟的人生追求，成长中才不会迷失方向，从而才能实现自己的人生价值。

4. 激发孩子对目标的向往，为其实现目标创造条件

父母需要激发孩子对目标的向往，激发其潜力，比如，孩子想要一件礼物，父母不要马上答应孩子，而是要求孩子在学习上付出一定努力并取得一定成绩之后，这个礼物才可以作为奖品送给孩子。教育孩子凡事都要通过自己的努力才会有所回报，这加强了孩子实现目标的兴趣。

5. 将人生大目标分解成多个小目标

犹太父母在帮助孩子树立起宏伟的人生追求之后，为了让孩子达到大的人生目标，需要随时关注孩子内心的想法、学习情况，帮助孩子将大目标分解成多个小目标，然后逐一实现。有时候孩子会因为实现了小目标，体验到了成功的愉悦，就不断努力，向着下一个小目标前进，这样孩子就会渐渐地接近大目标，直到最后实现人生目标。

6. 鼓励孩子立即行动

犹太父母认为，孩子很容易在受到激励的情况下树立人生目标，不过如果缺乏行动，一切将付诸东流。因此，父母帮助孩子树立了远大的人生目标还不够，还应该帮助孩子将目标转化为行动，督促孩子马上行动，不断努力，即便遇到困难也不要放弃，这样才能促使孩子最终将目标变成现实。

> 家教启示

　　犹太父母认为，有的人追求吃喝玩乐、纸醉金迷的生活，说明其内心很空虚，一生将碌碌无为。有的人目标远大，因此生命里随时充满希望，不管多么艰难，都要尽可能努力实现生命的价值。父母需要帮助孩子树立远大的人生目标，这样孩子才会控制贪玩的欲望，主动学习，长大后也会不畏困难、勇往直前。

第08章

犹太人对孩子的赏识教育：
欣赏是对孩子最好的激励

　　犹太人比较注重赏识教育，在他们看来，赏识教育是一种尊重生命规律的教育。即使总是犯错的孩子，只要父母耐心寻找，也一定能发现他的闪光点。父母需要传递给孩子浓浓的爱，从而达到家庭教育的目的。

别总是对孩子投去挑剔的眼光

学会用理解欣赏的眼光去看孩子,而不是以自以为是的关心去管孩子。

——犹太教子智慧

当孩子还很小的时候,父母往往对其呵护备至,唯恐孩子受一点点伤害,几乎都是按照孩子的想法做事。但是,随着孩子不断长大,父母却发现孩子开始暴露出一些问题,他们因此认为孩子和自己想象的差很远,于是便开始按照自己的意愿要求、刻画自己孩子的模型,用挑剔的眼光看孩子,觉得孩子不是这个不行,就是那个不行,存在各种问题。在他们眼里,孩子似乎没有优点,只有缺点,长此以往对孩子的成长是非常不利的。

讲给孩子的家教故事

李明是一位非常成功的商人,他对自己要求严格,总是追求完美。然而,这种对完美的追求也延伸到了他对儿子的教育方式上。

李明的儿子小杰是个活泼可爱的孩子,他有着无尽的想象力和创造力。但是,每当小杰尝试做一些新的事情,比如画一幅画或者搭一个积木模型,李明总是会挑剔地指出他的不足。"你看,这个线条画得不够直,这个颜色搭配得不好看。"李明指着小杰的画说道。小杰总是默默地听着父亲的批评,然后低下头,心里感到一阵失落。他觉得自己无论怎么努力,都达不到父亲的要求。

有一天,小镇上举办了一个儿童创意大赛。小杰兴奋地报名参加了,他想展示自己的才华。他用心地画了一幅画,画中的世界充满了奇幻和色彩。然而,当李明看到小杰的画时,他依然挑剔地说:"这个天空的颜色太鲜艳了,不符合现实。这些树木的形状也画得不够准确。"

小杰听着父亲的批评，眼泪在眼眶里打转。他感到自己的创意和努力在父亲眼中一无是处。

就在这时，小杰的奶奶走了过来。她看到小杰的画后，惊喜地夸赞道："哇，小杰，你的画真是太棒了！这些颜色多么鲜艳，这个世界看起来多么有趣啊！"

小杰听到奶奶的夸赞，脸上露出了开心的笑容。他感到自己的心情瞬间变得轻松和愉快。

奶奶拉过李明，轻声地对他说："李明啊，你总是对孩子投去挑剔的眼光，这样会打击他的自信心和创造力的。每个孩子都有自己的独特之处，我们应该多夸赞他们的优点，鼓励他们尝试新事物。这样，他们才能茁壮成长，发挥出自己的潜力。"

李明听了奶奶的话，心中一阵触动。他意识到自己的教育方式确实存在问题，总是过于关注孩子的不足，而忽略了他们的优点和进步。从那天起，李明开始改变自己的教育方式。他试着用更加欣赏和鼓励的眼光看待小杰的作品和行为。每当小杰做出一些新的尝试时，他都会给予积极的反馈和夸赞。渐渐地，小杰的自信心和创造力得到了提升。他变得更加乐于尝试新事物，也敢于面对挑战。他的画作越来越出色，甚至在儿童创意大赛中获得了一等奖。李明看着儿子快乐的笑容和取得的成就，心中充满了欣慰和自豪。他感谢奶奶的教诲，让他明白了教育的真谛：不是挑剔孩子的不足，而是用欣赏和鼓励的眼光陪伴他们成长。

尽管孩子年龄比较小，对父母的举动没有太大的反映，不过等孩子长大了，到了上初中的时候，孩子的叛逆心理就会慢慢展现出来。所以，父母不能用挑剔的眼光去看待自己的孩子，每个孩子都有自己独立的想法，有自己的心理反应，假如父母不顾孩子的自尊心一味地挑剔，只会让孩子在打击中越来越自卑。

犹太人认为，许多父母的挑剔是多方面的：

1. 过高的要求

许多父母为孩子制订了过高的要求，比如学习成绩优秀、生活习惯要好、参加各种活动和培训班等，这些都是按照父母的要求设定的，孩子没有控制权。有的父母对自己的孩子要求很高，孩子不能犯一丁点儿错误，一旦出错就是责骂和打击，在这种环境下成长的孩子容易自卑，做事情放不开，遇事没主见、不独立。这样的孩子长大后，思维比较狭窄、考虑问题不全面、没有创新意识。这些问题都是小时候造成的，因为父母没有给孩子思考问题的机会，没有给孩子创新的机会。

2. 过于挑剔

一些父母对自己的孩子过于挑剔，只要孩子身上有一个毛病，他们就会加倍挑出其他的毛病。对孩子身上的毛病，父母需要一分为二地去看待，毕竟孩子很小，毛病肯定会有，没有毛病的孩子是不存在的。有的父母觉得孩子学习成绩不好，其他方面也做不好，对于孩子出现的小问题，用放大镜去看，以偏概全，结果孩子就在挑剔的眼光中自卑而委屈地成长。

那么，智慧的犹太父母是怎样对待孩子的错误的呢？

1. 用发展的眼光看待孩子

犹太人觉得，父母应该用发展的眼光看待孩子，允许孩子犯各种错误，但是父母要及时帮助孩子改正错误，不要等孩子犯了错误再教育。

2. 等待孩子慢慢成长

父母要学会等待孩子的成长，孩子毕竟还很小，他的想法不可能跟大人一样，父母要允许孩子有自己的想法、做法，孩子达不到父母设定的理想层次很正常，所以对于孩子的成长也要有耐心。

3. 了解孩子的想法

父母要学会和孩子共同探讨问题，从而了解孩子的想法，引导孩子的思维，同时激发孩子对知识的渴望。此外，要允许孩子说出一些稀奇古怪的想法，并让他自己去找资料验证，或者父母给孩子提供资料。

> 家教启示

犹太父母认为，每个孩子都是为了得到欣赏而来到人间。假如父母总是用挑剔的眼光看孩子，盯住孩子的弱点和短处，小题大做、不断夸张，就会导致孩子自暴自弃；假如父母用欣赏的眼光看孩子，发现孩子的长处和优点，就会使孩子的心灵得到舒展，潜能得到发挥。即便孩子现在的表现还不能让你满意，也不要过于着急，还是要用欣赏的眼光看待孩子，发现孩子的优点和长处。当然，欣赏孩子并不是一味地鼓励或赞扬，而要真正认识到孩子的才能和所做事情的价值，给予充分的重视和赞扬，支持孩子朝着他喜欢、擅长的方向发展，让孩子最终获得富足的人生。

让孩子学会尊重他人

只有尊重别人的人，才能得到别人的尊重。

——犹太教子智慧

犹太父母非常重视孩子在礼貌方面的教育，因为这是影响孩子一生的美德。只有尊重别人的人，才会在某些方面赢得更多机会；在与朋友的相处中，会变得更有人缘；在学习上，更容易得到同学和老师的帮助；在工作中，更容易得到老板的器重、同事的帮助和支持。这样的人在事业上更容易取得成功。懂得尊重，这是要从小学起的，只有尊重别人的人，才能得到别人的尊重。犹太父母在孩子很小的时候就注重培养孩子尊重别人的美德，让孩子知道，只有尊重别人的人，才会赢得别人的尊重，也才能获得成功的机会。

> 讲给孩子的家教故事

安迪是一个3岁的小孩子，他是家里的独生子，所以他的父母都非常疼爱他。安迪认为父母对他言听计从是应该的，因为父母只有他一个孩子，所以就应该非常乐意为他服务。父亲发现孩子有这种心理后变得非常担忧，他觉得孩子一切都好，就是不会尊重别人。现在对待父母就这样，以后进入社会更是令人担忧。于是他就想到一个方法，准备教育儿子一下。

有一次，安迪要喝牛奶，他对着正在做家务的母亲喊道："给我拿瓶牛奶。"母亲刚想去拿牛奶，安迪的父亲将她拦住了，向她使了个眼色，他觉得现在正好是解决问题的好时机。母亲于是又继续做她的家务。安迪见母亲迟迟不拿，就冲着父亲的方向喊道："我要喝牛奶。"父亲也不吱声。安迪感觉很不解，就过来问父亲："为什么你们都不给我拿牛奶？""孩子，你已经上幼儿园了，这说明你已经是个大孩子了。既然是大孩子，那就应该用大孩子的办法解决问题。你让我们帮你拿牛奶，为什么不知道尊重我们呢？请人帮忙是一件麻烦别人的事情，尤其是别人正在做其他事情的时候，更是如此。所以如果你要请人帮忙，就不应该这样理直气壮，你应该知道如果你的态度不诚恳，别人是不会帮你的。"安迪觉得父亲说得有道理。"那我应该怎么说才正确呢？"安迪问道。"应该像这样：'妈妈，帮我拿瓶牛奶可以吗？'"父亲示范着说道。安迪于是就对父亲说道："爸爸，帮我拿瓶牛奶可以吗？"父亲很高兴地帮助了他。安迪在父亲的教育下，终于学会了怎样才是真正地尊重人。

孩子是需要从小培养的，年龄小的孩子价值观尚未形成，这样他们接受的教育就更容易影响他们。随着现代社会独生子女越来越多，有些父母不注意培养孩子的道德品行，那么孩子长大以后就不会尊重别人，而且随着年龄增大，一旦形成终生的习惯，就很难改变。

身为父母，我们都应该注重孩子这方面的教育，不要以为孩子还小，这些教育就不适合孩子的成长。大量的事实证明，这一想法是错误的。如果在孩子很小的时候就忽视了这方面的教育，那么以后弥补就会付出更大的代价。

一个不懂得尊重别人的人永远不会得到别人的尊重。例如在生活中，对别人一定要有适当的称谓，这是尊重别人的最起码常识。请别人帮忙的时候，不要用"理所应当"的语气，要知道这是一件要麻烦别人的事情，不是别人麻烦你。所以语气一定要诚恳，不然别人是不会帮助你的。对待别人的时候一定要客气、和气。如果别人有求于你，你要想想自己是否能做到，如果能做到，那就尽全力地帮助别人，如果的确超出了自己的能力范围，那就应该如实地说出自己的难处，这样别人也不会怪罪你。

> 家教启示

犹太父母的这种教育方式值得每个中国父母学习，只有从小就注重孩子在道德方面的教育，孩子才能成长为一个对社会有用的人，从而最终走向成功。

鼓励并发展孩子的兴趣

学问必须合乎自己的兴趣，方才得以受益。

——犹太教子智慧

人们经常说："兴趣是成功的第一任老师。"可见所有的成功都是从最初的兴趣开始的，兴趣是一切行为的出发点和原动力，是一切成功实现的最初条件。犹太人非常重视幼儿的兴趣教育，正因为如此，犹太民族才会涌现出无数的天才。爱因斯坦、玻尔、斯皮尔伯格的父母也很早就认识到好奇心对孩子成才的巨大作用，所以他们才能培养出影响世界的天才。

孩子经常会向家长提出各种各样的问题，这时，家长应该努力激发孩子的兴趣，不要急于将自己知道的答案告诉孩子，应该让孩子自己找出答案。随着知识的增加，孩子失去了当初的好奇心和兴趣，父母就应该想方设法让孩子不要仅仅满足于已经学会的知识，而是向更深的知识领域进军。

犹太父母在孩子刚开始学习的时候，就不断向孩子灌输学习是一件甜蜜而快乐的事情，这样孩子从小就会对学习产生兴趣。此外孩子如果在学习上不断取得成功，信心就会倍增，从而无意识地激励自己不断地学习。

讲给孩子的家教故事

卡尔·维特极有天赋，他八九岁的时候就能自如运用德语、意大利语、拉丁语、英语和希腊语，通晓动物学、植物学、化学，尤其擅长数学。小卡尔·维特之所以是个全能的天才，是因为他在学习中感到了快乐。

年幼的卡尔·维特和普通的孩子一样，也有自己的喜好和小性子。比如，他刚开始学习数学的时候，非常讨厌背诵乘法口诀，但是后来他却非常喜欢数学，这巨大的转变正是源于他的父亲兼老师老卡尔·维特的教育方法。老卡尔·维特非常注意培养儿子的兴趣，为了使小维特对数学感兴趣，他从一位学者那里获得经验，通过掷骰子、数豆子、商店买卖等游戏激发孩子的学习兴趣。老卡尔·维特经常富有创造性地把静态的知识融入生活中，使知识立体起来，逐渐培养了小卡尔·维特对学习的兴趣。

父母要想让孩子长大以后有所作为，就应该注意培养孩子的兴趣，兴趣是一切行动的原动力和起始点。孩子首先会对某些事情感到好奇，然后才会产生兴趣。每个人都有好奇心，孩子的知识有限，他们对很多事情不了解，因为好奇，所以才希望探索，而一旦失去了好奇心，就会失去探索的动力，甚至止步不前。

犹太父母认为，要想使孩子在某一领域有所建树，重要的是不断地培养孩子的兴趣。一切兴趣皆是好奇心使然。如果父母在孩子很小的时候就注意激发他的好奇心，并鼓励他不断地研究，孩子就很容易成功。

1. 让孩子保持强烈的好奇心

父母应该让孩子保持强烈的好奇心，引导孩子采取实际行动去接近那些美好的事物，揭开其神秘的面纱。比如可以问孩子：游戏这么好玩，它是如何设计出来的？孩子要想解决这些疑问，就会进一步钻研，查阅网络资料或者百科全书，这样就产生了兴趣。

2. 让孩子保持兴趣的稳定性

犹太父母认为，培养孩子的兴趣，就是让他们不间断地熟悉某一事物，逐渐地让它成为孩子生活的一部分。每天都接触它，时间久了自然会"上瘾"。比如喜欢打篮球的男孩子，一天不打就觉得全身没劲，这是因为篮球已经成为他们生活中的一部分。

3. 让孩子将兴趣发展成特长与技能

犹太父母认为，如果孩子整天玩电脑，并没有将自己对计算机的兴趣进一步发展，那么他终将对计算机失去兴趣。当孩子对某件事物感兴趣的时候，父母需要指出一个更深入的方向，将孩子的兴趣升华，让孩子在兴趣中不仅收获快乐，还能收获技能。

4. 让孩子认识一些志同道合的朋友

父母可以引导孩子结交一些"志趣相投"的朋友。比如孩子喜欢文学，那就结识几位文学爱好者。这是因为一个人即使对某件事情有着极大的兴趣，但总有停滞的时候，如果有几个朋友在旁边加油鼓劲，就会让孩子重新专注于兴趣。

家教启示

犹太父母认为，小孩子对一切都感到非常好奇，他们认为一切都是非常有吸引力的，这时候，他们会想尽办法进行研究。但是自己的知识和智力又不足以解答所有问题，所以他们的好奇心会促使他们不断学习。随着年龄的增长，孩子的智力也不断增长，然而孩子的好奇心由于各种原因会逐渐地减弱甚至消失。明智的父母会鼓励孩子对自己感兴趣的东西深入研究，这样孩子的兴趣就会不断发展和扩大。

孩子的成长需要赏识的灌溉

> 认可、赞美和鼓励，能使庸才变天才；否定、批评和讽刺，可使天才变庸才。
>
> ——犹太教子智慧

犹太父母认为，赏识教育十分重要，孩子永远在等待父母的赏识。然而，赏识教育并不只是表扬和鼓励。父母需要做的既是赏识孩子的行为结果，以此强化孩子的行为，也是赏识孩子的努力过程，以此激发孩子的兴趣和动机。因此，父母在赏识教育的过程中，需要创造环境以指明孩子发展的方向，适当提醒以增强孩子的心理体验，从而纠正孩子的一些不良行为。犹太父母认为，父母对孩子的点滴进步能否给予充分的肯定与热情的鼓励，不但是一个方法的问题，更是一个教育观念的问题。

犹太父母认为，赏识教育对孩子有以下好处：

1. 让孩子懂得自尊自爱

犹太父母认为，孩子的攻击性行为往往是在受到指责和冷遇后得不到应有的尊重和信任，从而产生逆反心理的表现。实际上，每个孩子在成长过程中都会出现一些问题，只是有些父母比较开明，他们相信孩子是优秀的，相信孩子是聪明的，同时不断鼓励孩子，从不嘲讽孩子。于是，在这样的赏识教育中，孩子感受到了尊重，这些父母还在保护孩子自尊心的基础上指出孩子的不足之处，给孩子留了面子，同时还让孩子自己去发现不足之处，锻炼孩子的反思能力。

2. 帮助孩子树立自信心

在孩子童年时期，他们自我意识的产生主要是通过教师和父母对他的评价。所以从某种程度上说，孩子的自信是父母和老师树立的。当孩子赢得了成功或在原有基础上取得了进步的时候，父母和教师要及时肯定和强化，孩子就会有一种感觉：我很行！这就是孩子的自信心，一旦他们树立了自信心就会愿意接受其他的任何挑战。

3. 帮助孩子找到他们的潜力

犹太父母认为，每个孩子的聪明才智和先天禀赋不一样，以至于在几乎完全相同的条件下，一个孩子有突出天赋的领域，另一个孩子可能完全不感兴趣。比如，有的孩子对美好事物的感悟力很强，有的孩子有着强烈的好奇心，什么事情都想弄个明白。作为父母，需要尊重孩子的个体差异，对孩子们的要求不能整齐划一，需要因材施教。

犹太父母又是如何赏识孩子的呢？

与许多并不理解赏识的真正内涵的父母不同，犹太父母认为，盲目赏识不但不能让孩子从中受益，反而会给孩子的健康成长带来很大的问题。

犹太父母认为，赏识是父母发自内心对孩子的欣赏，这种欣赏不但可以通过夸奖的语言表达出来，也可以在不经意间通过表情、肢体动作流露出来。当然，这些微妙的信息，孩子都是可以感受到的。因此，真正的赏识教育需要父母从自己的内心出发，对孩子进行赏识，这样才能真正发挥赏识教育的作用。对此，父母可以尝试以下几种做法：

1. 发现孩子的"闪光点"

犹太父母认为，每个孩子都是独一无二的，在他们身上肯定有一些与众不同的地方。因此，父母需要有一双善于发现的眼睛，发现孩子的"闪光点"并及时肯定和强化，让孩子的优点在父母的欣赏和赞美声中发扬光大。

2. 打破"理想孩子"的想法

就好像我们每个人都有一个"理想的自己"一样，基本上所有的父母心中都有一个"理想的孩子"的形象。然而，在实际生活中，孩子可能并不是父母理想中的样子。因此，真正的赏识教育需要父母不用头脑中的"理想孩子"的标准去衡量孩子，而是应该尊重孩子，从实际出发，尊重孩子的个性。

3. 赏识孩子的努力

犹太父母认为，每个孩子的智力水平相差并不大，只不过孩子们擅长的方面不同，而那些先天的因素并不是孩子自己可以把握的。一个孩子最终是否发展得好，关键在于孩子自己的努力，因此，父母只需要赏识孩子的努力和进步，而不是聪明才智。

4. 及时赏识孩子的进步

当孩子做得好的时候，父母不要泛泛夸奖，最好是能够发现孩子这一次比

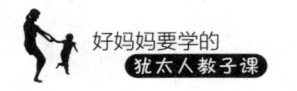

上一次好在哪里，这样才能激发孩子的动力和热情，争取下一次做得更好。而且，赏识孩子要趁热打铁、及时鼓励，以免孩子因为没有得到及时的鼓励而感觉失望，这样就会削弱赏识教育的效果。

5. 巧借他人之口赏识孩子

犹太父母认为，别人的评价是孩子确立自信的一个外在动力，有时候孩子希望得到父母之外的人的赏识。因此，在对孩子的教育过程中，父母可以巧借别人之口夸奖孩子，确立孩子的自我认同感。比如，父母可以说："王叔叔觉得你很有礼貌。"

6. 从孩子犯错和改错的过程中发现其优点

犹太父母认为，孩子犯错是免不了的，他们总是在不断地犯错、纠错的过程中长大的。因此，关键问题不在于孩子是否犯错，而在于父母采取什么样的态度让孩子意识到自己的错误并加以改正。父母要善于从孩子的错误中发现其优点，用赏识的眼光去看待孩子的错误，这比严厉的批评更有效果。比如，当孩子犯错之后勇于承担责任的时候，父母要记得称赞孩子。

【家教启示】

犹太父母认为，赏识是一种理解，更是一种激励。赏识教育，其实是在承认差异、尊重差异的基础上产生的一种有效的教育方法，这是帮助孩子获得自我价值感和自信的基础，更是引导孩子积极向上，走向成功的捷径。只要父母能够真正地理解孩子、尊重孩子、赏识孩子，孩子一定会健康积极地成长。

不要总是拿你的孩子和他人比较

从来不对孩子说，他比别的孩子差。

——犹太教子智慧

犹太人认为，父母经常犯好高骛远的错误，一方面认为自己的孩子是最好的，另一方面又因为孩子达不到自己设定的标准而感到失望。父母总希望孩子表现优秀，有最好的前途，所以很难容忍孩子在某些方面，尤其是学习上不及同龄孩子，认为这是孩子的失败。父母经常犯的错误，就是拿别的优秀的孩子与自己的孩子比较，对自己的孩子说："大家都一起学习，别人能学好，为什么你学不好？那肯定是你不用功。"实际上，对于那些学习基础比较薄弱的孩子而言，这种错误的比较正是父母需要避免的，因为这样做对孩子自信心的打击最大。

毫无疑问，父母没有不爱自己的孩子的，常常拿别人家的孩子与自己的孩子作比较，也是出于好心，希望孩子能以他人为榜样，学习别人的优点，为父母争气。但是，父母有时候就是好心做坏事。如果爱孩子，就不要拿自己的孩子与他人作比较，否则就会适得其反。

讲给孩子的家教故事

林涛是个勤勉努力的人，他总希望自己的儿子小林能够出类拔萃，于是常常不自觉地将小林与别的孩子进行比较。"你看，隔壁的小明数学考了一百分，你怎么才考八十五？"林涛拿着小林的试卷，眉头紧锁。小林低下头，默不作声。他知道，无论自己怎么努力，父亲总是能找到比他更优秀的孩子来比较。渐渐地，小林变得自卑，失去了学习的热情。

一天，小林在学校遇到了一个难题，他感到无助和困惑。这时，他的好朋友小丽走了过来，耐心地帮助他解决了问题。小林感激不已，他发现小丽虽然成绩不是最顶尖的，但她总是乐于助人，深受同学们的喜爱。小林突然意识到，每个人都有自己的闪光点，不应该总是被拿来比较。他决定找父亲谈谈自己的想法。晚上，小林鼓起勇气对林涛说："爸爸，我知道您希望我好，但我不想总是被拿来和别人比较。每个人都有自己的优点和不足，我们应该学会欣赏自己的独特之处。"

林涛听了小林的话，心中一震。他回想起自己小时候也曾被父亲比较，那种滋味并不好受。他意识到自己的教育方式可能正在伤害小林的自尊心和自信心。于是，林涛决定改变。他不再拿小林和别的孩子比较，而是开始关注小林的兴趣和特长，鼓励他发挥自己的优势。渐渐地，小林变得自信开朗起来。他发现了自己的绘画天赋，并在学校的画展上获得了好评。林涛看着儿子的进步和成长，心中充满了欣慰和自豪。他明白了，每个孩子都是独一无二的，不应该用统一的标准来衡量他们。作为父母，应该学会欣赏孩子的独特之处，鼓励他们做最好的自己。

犹太人认为，父母常常拿自己的孩子与别人作比较，对孩子造成的影响是很严重的，那些被父母作比较的孩子觉得自己得不到父母的认可，以致他们会做出一些吸引父母的行为，而这些行为通常都是父母不喜欢的，这就成了一种恶性循环。

那么，作为父母，应该怎么做呢？

1. 看到自己孩子的优点

许多父母对孩子的缺点数落不完，一旦被问及孩子的优点，却显得支支吾吾，半天回答不上来。其实，这就是因为很多父母只看到了孩子的缺点，而没有看到孩子的优点，即便孩子有优点，父母也会横向比较，觉得孩子和更优秀的孩子相比还是有差距，这样一种心理会使父母永远对自己的孩子不满意。所以，父母应该看到孩子的优点，只要孩子显露出一个优点，那就是值得赞赏的地方。

2. 孩子微小的一步，也是值得称赞的一大步

父母可能觉得，与最优秀的同龄孩子相比，自己的孩子总是显得不那么突出，方方面面都不尽人意。但是，比起孩子昨天的表现，你的孩子是否已经迈出了微小的一步呢？以前他可能英语成绩不及格，但现在几乎都能跨过及格的大关，取得良好的成绩。或许他离优等生还有一段距离，但是孩子的进步却是显而易见的，因而这也是值得称赞的一大步。父母要善于发现孩子每天的一点

进步，可能他今天变得有礼貌，他懂得了尊重他人，他学会关心妈妈了……这点点滴滴的进步虽然看起来微不足道，却是孩子做出的努力，所以值得父母进行大力的赞赏。

3. 降低自己的期望值

犹太父母认为，对孩子不满意的根源，就是父母有着过高的期望值。大多数父母会关注到别的孩子的成绩，继而对自己孩子不满意，这就是典型的横向比较。教育专家指出，父母对孩子不满意，可能会引发孩子的心理问题，因为当孩子所承受的心理压力过大却又找不到释放的渠道时，就容易出现问题。这时候，父母要改变观念：好孩子的标准是既要学习好，又要身心健康、人格健全。父母要降低自己的期望值，鼓励孩子的点滴成就，平等地与孩子进行沟通，尽可能地避免使用贬低性的语言，以免对孩子造成伤害。

家教启示

犹太人觉得，父母最好的做法是不要把自己的孩子与别的孩子进行比较，而是关注自己孩子取得的每一个微小的进步。毕竟，每个孩子都有自己的特点，假如父母只和高的比，而看不到自己孩子的长处，这很容易导致自己教育的失败。

第09章

犹太人对孩子的成功教育：
妈妈要帮助孩子选择一条适合自己的路

犹太人中有许多对世界文明进程产生了重大影响的人物，而这些人物身上都有着重要的品质。他们的成功有两方面的原因：一是犹太传统教育，他们一生的努力、奋斗及业绩都以此为基础；二是犹太家庭中的长幼双向教育、早期智力开发，以及社团教育中培养孩子勤学、好问、多思等素质的教育方式。

尽早让孩子了解自己未来要走的路

想别人不敢想,你已经成功了一半。做别人不敢做,你会成功另一半。

——犹太教子智慧

一个随大流,时时刻刻都在模仿别人的人是永远不会引人注目的,只有保持特立独行的人才能在竞争激烈的社会崭露头角、脱颖而出。

犹太商人在商海中经过长时间的摸爬滚打之后,他们已经明了,要想在激烈的竞争中脱颖而出,只有保持特立独行,尽早地占有市场。看一下成功犹太人的传记,我们就能从中找到一条规律,那就是他们能够想别人不敢想,做别人不敢做。别人不敢做的事情未必就是不能做的事情,别人都做的事情也未必就是正确的事情。别人没有想过的事情、不敢做的事情,你做了,那么你就有极大的可能脱颖而出,就会在别人没有看到商机的时候大赚一笔。

讲给孩子的家教故事

19世纪中叶,美国的加利福尼亚州掀起了淘金热,淘金的人们蜂拥而至,有的人发财了,有的人收获寥寥,有的人血本无归。在众多的淘金者中,有一个叫亚默尔的年轻犹太人,他也想在这里淘到金子。在这里淘金唯一不便的就是喝水的问题,因为必须到几里地之外的一个小山沟里才能找到水。

于是亚默尔敏锐地感觉到这是一个巨大的商机,他想自己来到这里淘金只是一种手段,最终的目的还是赚钱。于是他决定不再淘金,而是以卖水为生,他将自己全部的积蓄都用在开采水源上,终于他打出了第一口井,然后他又将这些水滤净消毒,变成人们可以饮用的食用水,开始售卖。他的同伴都对他冷嘲热讽，他们认为他这样做最后什么也得不到。但是亚默尔认准了目标，他觉得这样做可以赚到钱。他还专门进了一些小食品、饮料等，与饮用水一同售卖。就这样，他在短短的时间内就赚了 8000 美元，当不少淘金者衣食无着的时候，他已经完成了原始的资本积累。后来凭借自己独特的眼光，他又做成了几桩生意，最后终于一跃成为美国的商业巨头。

犹太父母告诉孩子，任何人想要成功，随大流是行不通的，只有走出一条真正适合自己的路，才能在商场上不断取得成功。特立独行的人要有"敢为天下先"的气魄，畏首畏尾不敢前进的人是不会在商场上取得很大成就的。一味地模仿别人，跟着别人的脚步走，也只会拾人牙慧，成不了气候。以下是犹太父母对孩子的重要教诲：

1. 另辟蹊径才能成功

犹太父母总是告诉孩子，成功人士的经历只能给你的人生作参考，他们的成功经历终究还是他们的，不能变成你的。这同样适用于商业领域，一个商家要想让自己的产品在琳琅满目的商品中吸引顾客的眼球，就必须有自己的特色，千篇一律的商品只会让人感到厌烦和麻木。所以，商家就应该紧紧抓住顾客的心理，不断地另辟蹊径、推陈出新，只有这样，才能占据商场制高点。

2. 走自己的路

犹太父母鼓励孩子走自己的路，他们告诉孩子：每个人都应该有一条自己该走的路，一味模仿的人是不会得到人们欣赏的，只有特立独行才能吸引人们的注意。许多人不敢特立独行就是因为他们没有敢为天下先的勇气。所以不妨抛开自己的成见，摒弃自己的怯弱。自己的人生还得自己来书写，我们不要成为和别人一样的人。为什么不将自己的特色展现出来，为什么不让自己的优点长处凸显出来？既然不想被大众埋没，我们就要有自己的特色，就要有自己值得骄傲的地方。

> 家教启示

犹太人认为，特立独行的做事风格会独领风骚，尝到大大的甜头。许多人的成功就是因为他们能够想出别人不敢想的好主意。现在的社会是一个多元的社会，只有你想不到的，没有你做不到的。什么东西都可以拿来拍卖，就算是不值分文的东西也可以在有创意的人手中变得价值连城。

告诉孩子要成功就必须要具备拼搏的精神

一个人之所以能取得卓越的成就，关键就在于他在做这件事情的时候是积极的、主动的、敢于拼搏的。

——犹太教子智慧

人不能没有拼搏精神，尤其是孩子，因为只有拼搏才能赢得成功，只有拼搏，才能享受到胜利的荣耀。犹太人认为，自己的事情自己干，靠天、靠地、靠祖宗，都不算真正的成功。孩子的人生之路终究要他们自己来走，谁也代替不了，成功也需要靠孩子的努力才能实现。

在当今许多中国家庭中有很多独生子女，家里往往以孩子为中心，围着孩子团团转。孩子的任何愿望，父母都会想方设法满足。而父母的这种教育方式助长了孩子的懒惰心理，让他们不管遇到什么事情都交给父母处理，这样的懒惰心理不但不利于孩子的身心健康，而且不利于孩子未来的发展。对此，父母要改变观念，让孩子明白成功是需要靠自己努力来实现的。

> 讲给孩子的家教故事一

哈兰·山德士5岁那年父母就去世了，12岁时他开始了全新的生活，16岁时他在一家餐厅当上了主厨，18岁时他结了婚，娶了个漂亮的妻子。一段时间后他的妻子怀孕了，然而在喜悦的同时他却被餐厅辞退了。不过，哈兰并没有放弃，而是继续为自己的理想拼搏着。他跟朋友们说自己要是有很多钱，就会去帮助和以前的他一样的人，让妻子、孩子过上好日子。他的朋友却说："你别想了，这是不可能的，等下辈子吧！"然而，哈兰并没有因为别人这样说就放弃。时间过得很快，转眼间他到了垂暮之年，想想在年轻时开过的加油站、饭店，结果都倒闭了。最终，哈兰在88岁时拥有了自己的事业，他就是肯德基的创始人。

孩子们都喜欢吃肯德基，而且常常去吃，不过却很少有孩子知道这是哈兰通过拼搏才创造出来的品牌。假如哈兰不拼搏努力，孩子们又怎么会那么喜欢这位慈祥的爷爷呢？

讲给孩子的家教故事二

从前有个懒汉，他什么都不想做，只想着不劳而获。后来，他听说有一种摇钱树，只要摇一摇就能从树上掉钱。于是，他开始到处寻找摇钱树，一连找了几个月，摇了上万棵树，可掉下的都是树叶。

有一天，他向一位正在田里干活的老农询问："老人家，您知道哪儿有摇钱树吗？摇钱树长什么样子呢？"老农告诉他："摇钱树有两个杈，每个杈上长五个芽。"懒汉听后欣喜若狂，终于找到一棵有两个杈，每个杈长五个芽的树，便迫不及待地摇起来。可摇了半天，摇下来的只有十片树叶，他认为老农骗了他，就怒气冲冲地去找老农算账。经过老农的指点，他才明白，老农指的是双手，唯有凭借自己勤劳的双手才可能让自己成为一棵摇钱树。

对每个孩子而言，独立自主能力的培养是必不可少的。父母一定要正确引导孩子，让孩子明白成功是通过自己的努力获得的，而非上天赐给你的礼物，要让孩子从小就学会依靠自己的力量赢得成功。父母要注意以下两个方面：

1. 让孩子知道成功是通过努力获得的

父母要让孩子明白，没有人可以代替自己成功，任何成功都需要通过自己的努力来获得。虽然父母可以帮助孩子做很多事情，但孩子长大后，还是要依靠自己的力量。因此，父母要耐心教育孩子从小依靠他们自己。孩子的人生才刚刚开始，无论是在学习上还是生活中，孩子都会遇到不平等的事情或者更优秀的人，父母要让孩子明白，不要去抱怨，也不要嫉妒别人，而是要把握好自己，这才有成功的希望。

2. 有拼搏的精神

犹太人认为，在人生的旅途中，需要拼搏精神。所谓拼搏精神，就是为了自己的目标或远大理想而顽强奋斗、坚持不懈的一种精神。社会在发展，拼搏依然是现代生活不可缺少的一种精神，父母要帮助孩子插上拼搏的翅膀，让孩子永远翱翔在蔚蓝的天空。

家教启示

并不是每个参加比赛的人都能得到冠军奖牌，但犹太人认为重要的是拼搏精神，尽自己最大的努力。成功绝非偶然，做任何事情都是这样，都需要一种拼搏的精神，其实，只要你豁出去了，结果往往是令自己满意的。

孩子的雄心需要妈妈去激发

心有多远，路就能走多远。

——犹太教子智慧

拿破仑曾经说过一句话："不想当将军的士兵，不是好士兵。"同样，不想赚大钱，不想发财的商人不是好商人。犹太人认为，有雄心未必是一件坏事，它能告诉你你想要的是什么，想达到的目标是什么。只有拥有雄心的商人，才能将自己的事业越做越大。整天知足常乐的人，不会取得太大的成就。很多成功人士在很小的时候就立志将来一定要做个有钱人，有些人在小时候就想成为某一行业的领军人物。在这种雄心的刺激下，他们会为了梦想不断奋斗，最终成就辉煌的人生。

第09章 犹太人对孩子的成功教育：
妈妈要帮助孩子选择一条适合自己的路

讲给孩子的家教故事

迈克尔是一个美籍犹太人，他从小就想做一个驰名世界的电脑专家。因为他的父亲经常在家里摆弄电脑，耳濡目染，他对电脑的专业知识越来越熟悉。就在同龄孩子还在玩耍的时候，他已经在研究电脑的专项功能了。

上大学的时候，他发现私人电脑已经成为人们热议的对象。但是，当时销售商将电脑的价格抬得很高，大学生很难拿出那么多钱去买一台昂贵的电脑，迈克尔觉得这是一个巨大的商机。他费了九牛二虎之力，终于将销售商库存里的电脑以成本价收购。他凭借着自己扎实的专业知识，为这些电脑装上了附件，增加了一些功能，然后将这些电脑以较低的价格出售。这些电脑很快受到大学生的欢迎，销售一空。

迈克尔的生意越做越大，他的父母担心他的学业，想让他拿到学位以后再做生意。但是他认为这是一个机遇，他已经等不到毕业以后再做了，于是就继续销售电脑。他见其他公司都是先将电脑生产好再推向市场，就决定反其道而行之。他让顾客说出自己的需求，然后为顾客量身打造电脑。这个方法很快就得到了消费者的认同，他第一个月就赚了18万美元。此后，他赚的钱越来越多，在同龄人大学毕业的时候，他已经有了几亿美元的存款。现在，他的公司在全世界都有分店，他已经成为世界上最著名的电脑销售商之一。

迈克尔的成功不是偶然的，因为他从小就有远大的梦想，有实现自己梦想的雄心，所以才能在人生中取得巨大的成功。梦想和雄心是相辅相成的。如果说梦想是成功的照明灯，那么雄心就是实现梦想的发动机。就是因为有发动机的推进作用，人才能不断向梦想彼岸驶去。因此，父母平时应该注意：

1. 培养孩子的雄心

犹太人认为，有雄心是一件好事，这说明一个人有抱负，有宏伟的志向。有雄心的人会有坚强的意志去实现自己的目标，雄心会在潜意识中激发人的斗志。只要有雄心，目标就不再遥不可及。任何困难在有雄心的人眼中都不是困难，而是成功路上的垫脚石，有了这些垫脚石，会更快更容易取得成功。

2. 让孩子立下志向

假如孩子常常谈论自己的梦想或者志向，很多父母都会不假思索地选择嘲笑孩子。聪明的犹太人就从来不嘲笑孩子的志向，而是鼓励孩子说出来，同时引导孩子朝着自己的理想去努力。在现实生活中，父母们喜欢为孩子设计理想，甚至想好了孩子以后去哪个大学、学什么专业，父母不顾孩子的志向，强迫孩子按照设计的轨道去发展。聪明的犹太父母会尊重孩子的志向，而且总是不断鼓励孩子，让孩子有足够的信心去实现自己的志向。

[家教启示]

犹太人一般都是有雄心的，他们希望自己的生意越做越大。犹太人经常在某一行业做出成就后，觉得自己的生意还很小，于是就在原有生意的基础上，转投其他生意。在新生意做得风生水起之后，他们又会寻找下一个能够发财的目标。所以，我们经常能见到一个犹太富翁将几种生意做得同样出色。他们能在几种生意上均取得成功，这与他们的雄心是分不开的。一个商人要想将生意越做越大，必须拥有雄心，只有拥有雄心，才能永不满足、永远前进。

鼓励孩子大胆冒险，勇夺成功

不敢冒险的人既无骡子又无马，过分冒险的人既丢骡子又丢马。

——犹太教子智慧

犹太人认为，在经商过程中，商家要想成功赚大钱，就必须敢于冒险，而且冒的险越大，成功的概率就越大。犹太人在经商过程中，只要觉得做某件事有利可图，即使冒再大的风险，他们也会积极去做，这就是犹太人的胆量。有些人畏首畏尾，看好某件事，可是实在是没有胆量去尝试，于是成功的机会与他擦肩而过。商人要想成功，就必须有胆量，有了胆量，你才会去冒险；有了胆量，你才会放心大胆地去做事；有了胆量，你就成功了一半，另一半就是拥有一个清醒的大脑。

讲给孩子的家教故事

著名的股票经纪人约瑟芬斯，他在25岁的时候意气昂扬，抱着一心想成为大富豪的想法，辞去了稳定的工作，专心投入股票交易中，不到十年的时间，他就拥有了上百亿元的资产。他辞去工作的时候，手中仅有500美元，他就用这500美元做资金，开始创立自己的事业。当年的他充满了热情，当他过了短暂的适应期后，凭借炒股赚了35万美元。胜利冲昏了他的头脑，在买下一家暴跌的实业股份公司的股票后，转眼间，他赔得只剩下200美元。

在这样的重创之下，他痛苦了一周，就在大家以为他要退出股市的时候，他又重新鼓起了勇气，开始遍访各种炒股能手，涉猎各种炒股书籍，洞悉了股海的变幻形势。回首往日的骄人成就，他内心激起了千层浪，于是又重新投入股海中。这次的他似乎变了一个人，不再像以前那样不经慎重考虑就直接作决定。细心地观察股情，进行了细致的分析后，他发现未列入证券交易所买卖的股票实际上更有利可图。这些股票因为利润小，被金融大亨们甩在了一边，但是这些股票的风险小而且持续稳定，于是他就借钱将其买进，结果不到一年的时间，他净赚了45万美元。他开设了自己的股票公司，但是他觉得自己的知识不够用，于是就去图书馆学习，四年之后，他成为一个知名的股票经纪人，月收入达28万美元。

这年他仅仅29岁。不久，动乱使得国内的经济陷入了一片恐慌，他预计经济危机马上会爆发，便迅速地将自己手中的股票一抛而光，他仅凭这一行为就赚了500万美元。经济危机随后就爆发了，股价大跌，在别人将股票大量售出的时候，他又看好形势，逐渐买入，直到经济危机结束，他又将这些股票卖出，就这样，他稳赚不赔地积累起自己的财富。

约瑟芬斯一开始凭借自己的胆量小赚了一笔，但转眼之间，这些财富就消失了，如昙花一现。但约瑟芬斯并没有就此消沉下去，而是总结失败的原因，意识到是因为自己的知识不够用，所以他专心学习专业的炒股知识。在学有所成之后，他又重新投入股市，这次他改变了以前那种做事习惯，在买进卖出股票的时候，不再仅凭胆量做事，而是运用了智慧的头脑，审时度势，从而一步步地积累起了自己的财富。

犹太人认为，成功和冒险是紧密相连的，要想孩子在财富等领域有所成就，就要教他们善于冒险，敢于搏击新领域。父母应该鼓励孩子树立一定的冒险精神，有克服困难的勇气。当然，培养孩子的冒险精神须适度，毕竟孩子还很小，只需他们的意志得到锻炼即可。

1. 对孩子放手

许多父母都不愿意对孩子放手，总希望孩子生活在自己的庇护之下，认为只有这样孩子才能健康成长，成为栋梁之材。假如父母能够大胆放手，多让孩子去体验、去锻炼、去实践，孩子的胆量就能够得到增长，会更愿意去尝试、去探索。相反，假如父母总是不敢放开紧握孩子的手，时间长了，孩子就会变得胆怯、内向，不愿尝试新鲜的事物。

2. 鼓励孩子去冒险

有的父母认为，冒险就有可能遇到困难、危险、失败，这些都是父母不愿意看到的。假如父母因为孩子的某些冒险做法而责备他们、训斥他们，孩子慢慢地就会变得不敢去冒险，不敢去探索。平时孩子的一些行为看上去可能很复杂，甚至有些冒险，这些都没什么，只要父母常常鼓励孩子，赞扬孩子的行为，就能培养孩子的冒险精神。

第09章 犹太人对孩子的成功教育：
妈妈要帮助孩子选择一条适合自己的路

> **家教启示**

在经商过程中，犹太商人认为冒险是必需的，所以在看中某件事可以为他们带来利益时，他们会不惜一切地去冒险。他们一直以冒险家自居，就是因为他们有过人的胆量。他们认为失败了没什么关系，大不了从头再来。他们不仅有胆量，还有智慧，他们会仔细辨别哪种风险值得冒，从而拼尽全力尝试。

第10章

犹太人对孩子学习的教育：
妈妈要教给孩子最有效的学习方法

如何教导孩子进行有效学习？同样是为了提高孩子的学习成绩，糊涂父母教的就是呆板的知识，聪明父母教的则是灵活多变的方法。犹太人认为，好方法胜过好老师，唯一正确的方法就是——教给孩子最有效的学习方法，让孩子自己学会学习、爱上学习。

鼓励孩子积极独立地思考

一个成功的学者要手脑并用，并且通过熟读和记忆引发思考。

——犹太教子智慧

犹太父母认为，背诵和记忆是最常用的教学方法，他们常说"读101遍比读100遍好"。而对于那些犹太小孩子而言，能一字不差地背诵《圣经》就是他们最骄傲的事情。当然，背诵和记忆并不是唯一的学习方法，犹太父母认为，除了背诵和记忆，孩子们还需要勤于思考。希伯来拉比曾说："一个成功的学者要手脑并用，并且通过熟读和记忆引发思考。"在他们看来，勤于思考对锻炼人的记忆是十分有帮助的，所以，每个犹太父母在教育自己的孩子时总会要求他们勤于思考。

讲给孩子的家教故事

在一个和谐的家庭里，父母都非常注重培养女儿的独立思考能力。小女孩叫小雅，她对世界充满好奇，总爱问各种问题。

一天，小雅看到天上的彩虹，她好奇地问爸爸："为什么彩虹有七种颜色呢？"爸爸没有直接告诉她答案，而是鼓励她："小雅，你可以自己想想，或者查查资料，看看能不能找到答案。"小雅决定自己动手查资料。她翻阅了图书，上网搜索，还和小伙伴们讨论。经过一番努力，她终于找到了答案，并向爸爸分享了自己的发现。爸爸听后，高兴地夸奖她："小雅，你真棒！通过自己的思考和努力，你找到了答案。这就是独立思考的魅力。"

从此以后，小雅更加喜欢独立思考和解决问题。她知道，只有积极独立的思考，才能让自己更加聪明、自信。而父母的支持和鼓励，是她前进道路上最坚实的后盾。

犹太父母认为，学会独立思考对于每个孩子成长极为重要。正如爱因斯坦曾说："学习知识要善于思考、思考、再思考。"父母要引导孩子在读书时认真思考、独立思索，不要别人说什么就是什么。犹太父母告诉我们，读书一定要在认真思考的基础上判断知识的准确性和结论的可靠性。

那么如何引导孩子积极思考呢？我们不妨学习和借鉴犹太父母的一些教育方法：

1. 不要把答案直接告诉孩子

犹太父母认为，孩子年龄较小，遇到难题的时候，总是希望从父母那里获取帮助，想得到直接的答案。这时父母一定不要助长孩子的这种心理，不要给孩子一个直接的或确定的答案。否则时间长了，孩子就会对父母产生依赖心理，不会思考问题，也就无法养成独立思考的习惯，这对于提高孩子的智力水平和思考能力都是没有好处的。

犹太父母面对孩子遇到的问题时，不会选择告诉孩子答案，而是教给孩子解决问题的方法，让孩子从中学会独立思考。举个很简单的例子，家里的电脑突然不能显示画面了，父母可以让孩子自己去发现问题，检查是电源的问题，还是显示器的问题。孩子在寻找答案的过程中，锻炼了自己独立思考的能力，积累了经验，一旦他们找到解决问题的方法，就会产生一种自豪感，其思维能力也会得到相应的提高。假如孩子在短时间内没办法独立解决问题，父母可以示范一下，通过查阅资料、提出猜想并验证等方法，让孩子学习思考的方法，这可以有效提高孩子的思考能力。

2. 鼓励孩子提出自己的看法

犹太父母认为，要给孩子创设民主和谐的家庭氛围，因为孩子只有在这样的家庭环境中，才会形成活跃的思维、敢于发表自己的意见。在犹太父母看来，在较为压抑的环境里长大的孩子，不太容易有自己的观点，思想会受到父母的左右，且只会听从父母的意见，这样会影响孩子的思考能力。

父母应鼓励孩子有自己的见解，当孩子发表意见的时候，即便是错误的，也要让孩子说完，然后给予适当的指导。而对于孩子的正确观点，父母应积极肯定和表扬，增加孩子主动表达的信心。

3. 允许孩子有新奇的想法

犹太父母认为，当孩子有一些新奇的想法时，不要否定他们，而应允许孩子有那些奇怪的想法，因为往往新奇的想法是孩子思维能力的重要表现。当孩子遇到一些难以解决的问题时，父母要引导孩子换种考虑问题的思路和角度，通过合理的分析、整理和归纳，设想全新的解决问题的方法，这对于提高孩子的思考能力很有帮助。

4. 锻炼孩子的思维能力

犹太父母认为，益智类的故事常常有启发思维的作用，父母可以给孩子们讲故事，然后共同讨论感兴趣的话题，这对培养孩子的思维能力很有帮助。犹太人还认为，生活是教育孩子的最好课堂。在生活中，孩子通常都喜欢做游戏，假如父母在游戏中注入益智的因素，就可以促进孩子思维能力的发展。父母和孩子玩一些益智类的游戏，一方面可以沟通亲子感情，另一方面可以促进孩子思考能力的发展。比如，父母可以利用节假日举行一些智力竞赛之类的游戏活动，然后邀请孩子的朋友参加。

5. 和孩子一起讨论问题

犹太人认为，问题是思考的起点，当孩子还小的时候，脑子里会有许多问题，当孩子向父母提出问题的时候，父母要与孩子们一起讨论，耐心地为孩子解释，同时父母要积极地帮孩子解决问题，孩子才会提出更多的问题。

在生活中，犹太父母常常会给孩子提出一些问题，让孩子的大脑始终处于活跃状态，通过这种方式锻炼孩子的思维能力。父母要让孩子学会主动思考，就要从提出问题入手。如果父母的问题可以激发孩子的兴趣，孩子就会为了找到问题的答案而努力思考。

第10章 犹太人对孩子学习的教育：妈妈要教给孩子最有效的学习方法

> 家教启示

犹太父母认为，当孩子还很小的时候，他们大脑中有太多等待解决的问题，充满了一个又一个疑问。他们每解决一个问题，就会多一份惊喜，那一个问号就会变成感叹号。对此，父母需要引导孩子用眼睛观察现实生活，用耳朵聆听时代声音，用脑袋思考面临的问题。

许多中国父母习惯每件事都为孩子指路，不习惯征求孩子的意见，一旦孩子不遵从，就会责备孩子。实际上，孩子有自己的想法，父母在任何时候都要尊重孩子的观点和意见，给他们独立思考的空间。父母可以这样说："这件事怎么样做才更好呢？""你能想出比这更好的办法吗？"这些表达方式会让孩子感觉到父母对自己的尊重，从而培养孩子独立思考的能力。

从小保护孩子对世界的好奇心

好奇心是智慧富有活力的最持久、最可靠的特征之一。

——犹太教子智慧

犹太人的成功，与其好奇心有很大关系。一个人的智力是多元素的集合，为此，杨振宁说："人的智力包括5个因子——好奇心、求知欲、想象力、创造力和幽默感。"犹太人认为，我们在判断个体智力高低的时候，好奇心是需要考虑的因素之一。好奇心是个体在遇到新奇事物或处在新的外界条件下所产生的注意、操作、提问的心理倾向，同时，好奇心也是个体学习的内在动机之一，是促使个体寻求知识，成为创造性人才的重要特征。教育家布鲁纳主张在教育中应激发学习者的内在动机，使学习者在学习实践中感到愉快。在他看来，个体学习的内在动机之一就是好奇心。

"这是什么？""我是从哪里来的？""为什么会这样？"在孩子们的头

脑中，似乎总有问不完的问题，这常常令父母很烦恼。其实，孩子之所以问这问那、摸这摸那，都是源于他们拥有好奇心，对世界充满了好奇，所以渴望通过发问来探索这个世界。

讲给孩子的家教故事

　　1736年，瓦特出生在英国苏格兰西部的格林诺格镇，其祖父曾经是一位教师，主要教授数学、测量学和航海学，其父亲以前是造船技术工人，之后开始经营造船业和建筑业。由于小瓦特身体比较弱，以致到了上学的年纪仍然不能上学。在家里休养了几年，瓦特才得以到镇上的学校读书，但是在学校里，瓦特并不喜欢与同学们嬉笑打闹，而是喜欢一个人待着，不知道在思考些什么问题。

　　有一天，瓦特在家里喝茶，他闲来无事不停地摆弄着茶壶，一会儿打开，一会儿又盖上。当瓦特把茶壶嘴堵住的时候，里面的蒸汽却把壶盖冲得噗噗地跳，甚至力气大得顶开了壶盖。尽管这只是一个再平常不过的现象，却激发了瓦特的兴趣，他专注地看着跳动的壶盖和不断冒出的蒸汽，苦苦思索其中的奥秘，结果就这样目不转睛地看了一个多小时。外祖母对瓦特的这种无聊行为很不满，还责怪了他几句，但是，瓦特并没有在意外祖母的责备，反而更加专心地注视着蒸汽的力量，心想要是能利用这种力量就好了。

　　由于好奇心的驱使，瓦特常常对一些自己不熟悉、不认识的现象进行长时间的观察，周围的人都说他是个"懒孩子"。然而，正是这种好奇心不断地引导着他去努力探索世界上的种种奥秘，勇攀科学高峰。13岁时他对几何产生了强烈的兴趣，并在15岁时就读完了《几何学原理》。后来他又进入了文法学校，但是由于身体原因，他没毕业就退学了。不过，他在家里自学了天文学、化学、物理学和解剖学等多类学科知识。17岁时，他在一家钟表店里当学徒，并利用业余时间学习，进一步掌握了许多科技原理。最终，他在好奇心的驱动下，积极探索，改良了蒸汽机，使整个世界开始进入蒸汽时代。

犹太人总结得出这样的结论：世界上一些著名的科学家都可以说是拥有好奇心的，所以，他们的智力远远超出常人。牛顿对一个苹果产生了好奇，于是就发现了万有引力；瓦特对烧水壶冒出的蒸汽产生了好奇，最后改良了蒸汽机；爱因斯坦对罗盘拥有强烈的好奇心，提出了"相对论"；伽利略对吊灯摇晃产生了好奇，最后发现了单摆。

那么，犹太父母是如何培养孩子的好奇心的呢？

1.引导孩子勤于观察

犹太人认为，生活的环境是丰富多彩的，父母需要引导孩子亲自去看看、听听、闻闻、尝尝，在这一过程中引导孩子认真观察，主动发现生活中的奥秘。在日常生活中，处处充满了未知，比如玩具、大自然等，这些都隐藏着未知的奥秘，对孩子们有着无穷的吸引力。所以，父母要教导孩子不要忽略生活中的事物，而要善于观察。

2.引导孩子对未知领域积极探索

犹太人认为，孩子们的好问、好动都是源于拥有一颗好奇心。面对一些未知的事物，父母应该引导孩子尽可能地大胆想象，即使孩子产生了稀奇古怪的想法也不要轻易否定他们，而要与孩子展开讨论，引导孩子继续探索，让他们善于发现一些与众不同的现象，激发孩子的好奇心。

3.引导孩子积极动脑动手

犹太父母认为，孩子们喜欢模仿大人的行为，也好动，这时父母可以借助孩子手边的工具，引导他们充分运用各种感官自己观察、自己动手，从中体验自我成就感和快乐。比如，让孩子自己动手制作简单的玩具，或者自己设计一种游戏等。孩子们对于自己动脑想出来、自己动手做出来的东西有一种偏爱和特殊的兴趣，这一活动有利于激发孩子强烈的好奇心和求知欲，从而逐渐开发孩子们的智力。

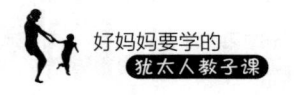

> **家教启示**

在犹太父母看来,好奇心是孩子对新奇事物或者新的外界条件刺激产生的探究反应,也是孩子们寻求知识、主动学习的动力。孩子们正是在好奇心的驱使下学会了观察、比较、分析、思考,从而积累起自己的学习经验和生活经验。当"为什么"成为孩子挂在嘴边的口头禅时,这意味着孩子们开始展露自己的好奇心了,作为父母应该予以理解、支持,并引导孩子带着好奇心去开启未来的知识之旅。

启蒙时期的记忆式学习法

一切事情和知识在头脑里要安放得像在橱柜的抽屉里一样,只要打开一定的抽屉,就能取出所需要的材料。

——犹太教子智慧

通常情况下,犹太人对孩子的教育是从三岁开始的,父母既可以为孩子选择交费的学校,也可以选择免费的公立学校。在学校里,孩子们从记忆简单的文字开始,一直到可以诵读祈祷文。犹太父母的目的不是让孩子理解文章的意思,而是让他们背诵,在犹太父母看来,假如孩子没有好的记忆力,那以后就没办法学习其他事物。可以说,犹太人向来以较强的记忆力而骄傲,不过这并不是因为他们天生聪明,而是因为犹太父母从孩子两三岁开始,就会让他们背诵《圣经》,每天背诵一部分,逐渐形成一种习惯。

对于许多中国孩子而言,常见的现象是:放学后被老师留下来背诵课文或"九九乘法表"。或许父母会认为这种方法是死记硬背,对孩子的学习并没有太大的帮助。孩子们更是因为背诵恨透了一篇篇冗长的文章,恨透了接二连三的数学公式。然而,犹太人认为,背诵是学习的第一步。孩子小时候背诵过的文章,长大后就可以脱口而出,根本不需要经过大脑的片刻思考。更为关键的是，背诵的主要意义是培养好的记忆力。

> **讲给孩子的家教故事**

公司准备举办一场宴会，需要把最近几年来公司的客户以及相关的人员都请来，借此机会联络一下感情，一起探讨未来的发展合作计划。可粗心大意的玛丽不知道怎么搞的，鼠标一点，一下就把联系人的电子文档覆盖了，瞬间名单和电话全没了。经理要求下午必须把邀请函发出去，可现在名单和联系方式全没了，该怎么办呢？

新来的同事维茨里走了过来，安慰道："你先别急，这份文件我看过，下午我可以帮你恢复。你先准备邀请函模板，能做到吗？"玛丽点点头。下午维茨里拿着笔记本走过来，说："玛丽，你看一看名单。"名单和数据全在电脑上，玛丽惊讶极了："这么多联系人，你是怎么记住的？"维茨里指着自己的大脑，笑着说："靠这里记下来的，这是我们犹太人的自豪。"

玛丽很感兴趣："你们是怎么学习的，怎么记忆力如此惊人呢？"维茨里笑着说："从小就背诵《圣经》，这可以培养我们的记忆力，比如我儿子现在才两岁多，就能流利背诵一整页的《圣经》内容了。"玛丽有些疑问："可是，《圣经》的内容好枯燥晦涩，他能读懂吗？"维茨里回答说："不用他懂，他现在只要会背就行，慢慢地，他就有我这样超强的记忆力了。"玛丽不禁感叹："犹太人真不愧是世界上最聪明的民族！"

犹太父母认为，只有让孩子从小背诵，才能最大限度地提高孩子的记忆力。而且，孩子背诵的时间越早，记忆力提高得就越快。因此，犹太父母对孩子们进行记忆力的开发通常都是很早的，只有这样，才能有效地锻炼孩子们的记忆力。

那么，犹太父母具体是怎样对孩子进行记忆训练的呢？

1. 对内容只背不理解

犹太父母认为，让孩子背诵文章时只背诵，不需要理解文章的意义，这样才可以培养出好的记忆力。孩子童年时期的记忆力是他一生中最有效率的，这是毋庸置疑的。即便有了这样的先天条件，不会挖掘、不去利用，也只能停留在理论上。比如一只杯子，我们知道它可以装水，却始终没有将水存放进去，那和不知道它能装水没什么两样。让孩子背诵，是通过背诵刺激大脑进行记忆，反复背诵，反复地刺激记忆，大脑的记忆容量就会慢慢扩大。

2. 背诵的内容不分有趣和没趣

有的家长或许不会同意死记硬背，他们认为孩子记忆的假如都是自己不感兴趣的内容，即便记住了，也不能在这样的基础上进行理解。犹太父母认为，记忆品质会受到记忆容量本身的影响，孩子童年时期的背诵是能增大这个内存容量的，而没有记忆容量，一切都无从谈起。犹太父母坚信，没有记忆力，人就不可能具有思维能力。

3. 背诵要注意方法

与中国孩子的死记硬背不一样，犹太孩子在平时的学习中就把该背诵的知识点记得差不多了，然后就是和背诵的内容多见面。比如，一个单词、一首古诗、一篇文章能否记住，取决于和它在不同场合见面的频率，不在于每次看它时间的长短。犹太父母教导孩子，要想记住某个知识点，每个星期至少和它见三次面，经常把需要背诵的内容翻出来熟悉，那就不用担心忘记了。

家教启示

其实，犹太父母所说的背诵，准确地说是重复朗诵。每天抽出一些时间，让孩子不停地重复诵读一段文字，读十五六遍让孩子们玩耍一会儿，然后让孩子继续重复诵读，直到孩子熟悉这段文字为止，这样就会达到有效的锻炼效果。

小孩子不可能理解所背诵文章的深层含义，犹太父母当然明白这个道理，因此，他们让孩子背诵的目的不是让孩子明白其中的意义，而是让孩子先背诵内容，等孩子的记忆力得到锻炼之后，再让孩子慢慢理解所背内容的含义。

第10章 犹太人对孩子学习的教育：
妈妈要教给孩子最有效的学习方法

犹太人的重复式学习法

> 每天都要拿出时间来学习《圣经》。
>
> ——犹太教子智慧

有人说学习其实是一种"勉强"，也就是强制性地激励自己，避免自己产生懒惰的情绪，努力学得知识或技能。大多数孩子在学习过程中容易产生厌烦情绪和放弃的念头，因此，许多父母认为在学习上需要采取激励和强制的手段。无论是在学校还是在私塾，孩子们每天的学习生活都是痛苦的，"勉强"学习其实就是孩子对自己的不自信。和"勉强"学习相比，犹太人把学习称为"重复"，重复其实就是亲自读、说、听，然后无数次地练习，最终将所学的内容都记住。犹太人强有力的耐性，使得他们把这种学习方式称为"重复"。

或许，犹太人并非天生就具有韧性的品质，这种品质是他们在生活中渐渐养成的。通常犹太人在节日到来之前的很长一段时间里都会吃一种无味的面包，从而品味辛劳的感觉。饭后，犹太人习惯朗诵经文，感谢上帝对自己的恩赐，长久以来，他们都保持着这样的传统。在这样的环境中培养出来的犹太孩子，即便不聪明，也会不断地通过练习和重复来达到对某些事物的理解。当然，正是缘于这种努力和热情，犹太民族被誉为"最聪明的民族"。

讲给孩子的家教故事

有一个人想在街上雇一辆马车，他环顾了一下四周，发现不远处有一排犹太人的马车。他走近一看，马正在吃草，却找不到车夫。这时他就问在路上玩耍的小孩子："车夫去哪里了？"小孩子回答说："在车夫俱乐部吧。"于是，这个人就来到街道深处的车夫俱乐部，看到在那个狭小的屋子里面，车夫们都在学习《塔木德》。

尽管是车夫，他们只要有一丁点儿空闲的时间就会去学习，这就是传统犹太人的真实写照。即便在以色列的现代城市，这样的犹太人依然不少，在以色列这个国家，各种成人讲座十分受欢迎，许多成年人在毕业之后又重返学校给自己充电。或许，对许多中国孩子而言，学习是一种苦行僧式的生活，因此，他们一旦从学校毕业就不再学习。然而，对于犹太人而言，学习则是一生的课题。

重复式学习方法，是指只要我们不断重复对一些知识的记忆，知识就会成为我们自身的一部分并长久地储存在我们的大脑中。犹太人是这样理解重复式学习法的：

1. 不断重复会让你赢得成功

犹太父母认为，不断重复并提高最基础、最根本的东西，你就会赢得成功。比如，爱迪生发明电灯就是一个不断重复赢得成功的例子。多做实验，同时不断观察；多思考，创造新发明。当爱迪生在发明电灯的时候，找了包括竹条、木条、铁丝在内的数十种材料作为灯丝，最后决定用钨丝作为灯丝。这个过程是重复实验的过程，假如没有这个重复的过程，估计电灯的发明要晚几十年。

2. 学习是一个重复的过程

犹太父母认为，学习就是一个不断重复的过程。天生就聪明过人的孩子毕竟是少数，只有在学习过程中不断地重复，才会加深对知识的记忆，也才会为以后的学习打下基础。对于如何重复学习，新东方的俞洪敏曾说过："每天挤出一段时间积累并持久关心一件事情，你就会成功。世界上成功的秘诀就和背单词一样，就是一个不断重复的过程。先做专，再做宽，先做到本本精，再做到本本通，才能够成就大事。每天写下三到五件事情，一步步做下来，安排好。我就是这样成了现在的老俞的。"

3. 反复学习是记忆的捷径

犹太父母认为，有效的反复是记忆的捷径，因为记忆本身就是一个反复的过程，只有不断重复并及时地复习才能降低遗忘率，如果出现遗忘了再重新记忆，那就会大大降低效率。对孩子学习而言，对于新知识的学习要经过"记忆—忘记—再记忆"的多次反复，所以当孩子能够背出某个知识点后，不要认为孩子的学习已经无大碍了，父母需要引导孩子隔一段时间再温习一遍。

> 家教启示

犹太父母认为，重复式的学习方法是每个孩子最常用的，也是必须用的学习方法，它同时也是最基本的学习方法。即便再简单的方法也是建立在重复学习的基础之上的，没有重复的过程，知识就还在书本上，不会成为自己的。而只有真正地掌握了知识本身，孩子们才能体会到它深刻的含义，也才能使知识变成他们自身知识的一部分。

引导并保护孩子提问的积极性

> 怀疑是开启智慧大门的钥匙，知识越多，就会产生越多的怀疑，而问题也会随之增加。
>
> ——犹太教子智慧

孩子从小就有强烈的好奇心，他们总是想了解自己不知道的事物，而作为父母，应该鼓励和满足孩子们的好奇心。然而，大部分的父母会在生活中有意无意地抹杀孩子的好奇心。一般而言，孩子们有好奇、好问、好表现的特点，只要父母给予机会，他们就能够提出自己的见解与问题。但是，在现实生活中，许多父母总是敷衍孩子的提问，总以"不知道""你问这么多问题干什么"等来回答孩子，结果时间长了，孩子逐渐变得不愿问，最终问不出，这样就慢慢地减弱了发现问题的意识和提出问题的能力。因此，父母要保护孩子敢于提问的积极性，还要引导孩子去发现问题、提出问题，这样才能有效地提高孩子自主学习的能力，进而提高学习效率。

> 讲给孩子的家教故事

利亚是犹太人，她丈夫因工作需要常常在以色列与美国之间往来，利亚自己带着儿子拉米尔在美国生活，她独自承担了抚养孩子的重担。可别说，利亚教育孩子还真是有一套。

有一天,拉米尔坐幼儿园的接送车回到家,利亚马上迎了出去,陪孩子一起走进了房间。进门后,利亚问孩子:"今天你提问了吗?"米拉尔点点头,利亚继续问:"那么,你都问了些什么呢?"拉米尔开始重复自己当天所提的问题,有的是问幼儿园老师的,有的是问班里小朋友的,可以说这些问题千奇百怪,比如:为什么树叶有红色和绿色?为什么有的蚂蚁会有翅膀?为什么我的糖果不能换你的饼干?结果,米拉尔这个小家伙一连问了二三十个问题,利亚满意地点了点头。

原来,每个犹太人在很小的时候都会被长辈提问。在利亚很小的时候,她爸爸就常常问她:"为什么今天与其他日子不同?"刚开始,利亚认为今天和昨天、明天并没有什么不同。爸爸没有因此责怪她,而是让她每天问别人很多自己不懂的问题,假如没有人回答她,那就自己去找出问题的答案。习惯提问之后,利亚觉得生活确实不一样了,因为每天都是新鲜的。

提问,对于犹太人来说并不稀奇,几乎每个犹太家庭的孩子都是在提问中长大的。可以说,永远在探求的犹太人总是崇尚创新,在他们看来,学习应该以思考为基础,敢于怀疑,不耻下问,这样积累的知识才会越来越多。

在孩子打破砂锅问到底的时候,假如父母真的比较忙,可以告诉孩子:"我现在很忙,等会儿告诉你,好吗?"假如父母被孩子的问题难倒了,那最好去翻阅书籍,寻找出答案。对于一时解释不清楚的问题,也不要告诉孩子不知道,父母可以就这个问题和孩子一起去问别人或者查阅书籍,等孩子长大一些后,就会养成查书的好习惯。对于孩子的提问,父母首先要有正确的观念和做法:

1. 培养孩子敢于提问的意识

爱因斯坦曾说过:"提出一个问题往往比解决一个问题更重要。因为解决一个问题也许是数学经验或实践上的一个技巧而已,而提出新的问题、新的可能性,从新的角度看旧的问题,却需要创造性的想象力,这才标志着科学的真正进步。"可见敢于提问对于开发孩子的智力、培养创新意识和实践能力都是十分重要的。

犹太父母认为,在平时的生活中,父母需要有意识地培养孩子敢于提问的意识。父母或许都有这种感觉，孩子在小的时候特别爱问问题，常常是打破砂锅问到底，可是随着孩子越来越大，他们想提问的欲望却越来越小，经常没有问题可问。面对这种情况，父母需要积极引导孩子敢于提出问题，当孩子能够大胆地说出自己的看法时，无论正确与否，父母都要给予赞赏，不要批评或嘲笑，否则会打击孩子提问的积极性。父母应尽可能地让孩子在生活中多发现问题、多提问，这样可以让孩子觉得发现问题、提出问题是一件很有意义的事情。

犹太父母建议：如果有的孩子想到提问就紧张，担心自己说不清楚，那么父母可以引导孩子在生活中练习提问；那些不敢在公众场合提问的孩子，父母也可以引导他们私底下问老师；那些表达不怎么清楚的孩子，可以让他们把问题写在纸上给老师。无论是哪种方式的提问，父母都需要给予孩子最大的支持，让孩子养成积极提问的良好习惯。

2. 保护孩子提问的积极性

在日常生活中，父母要正确对待孩子提出的问题。有时候，由于孩子天真烂漫，免不了会提出一些稀奇古怪的问题，这就需要父母正确处理。即便孩子所提问题有错误之处，父母也不要批评，而应正确引导，鼓励孩子提出更好的问题，使孩子获得一种成就感，逐渐使孩子由不敢提问、不懂提问转化为敢于提问、乐于提问、善于提问。

犹太父母认为，在任何时候，父母都要引导孩子提问，这可以培养孩子提问的积极性，体会到提问的乐趣，使孩子真正地热爱学习，同时也能培养孩子的创新能力，有效地提高学习效率。

家教启示

在犹太父母看来，提问是孩子求知欲的表现。父母在生活中不但要认真地回答孩子的提问，而且需要适当启发，或者对孩子的问题进行更深层次的发问，积极引导孩子思考，让孩子掌握学习的方法。当孩子在引导下得出答案之后，他就会感到兴奋，同时也增强了自信心，产生了成就感，而这些都将陪伴孩子一生，并让孩子从中受益颇多。

参考文献

[1]梁新光.犹太人教子枕边书[M].北京：团结出版社，2018.
[2]聂尊阳.犹太人教子枕边书[M].北京：中国华侨出版社，2018.
[3]徐可夫.犹太人的教子经[M].北京：民主与建设出版社，2017.
[4]宿文渊.犹太人教子秘籍[M].成都：四川人民出版社，2020.